KB204084

우리말 유마경

지은이 : 김성규
펴낸이 : 심진희

초판 1쇄 인쇄 : 2016년 10월 25일
초판 1쇄 발행 : 2016년 10월 31일

등록번호 : 제2014-4호
등록일자 : 2014년 3월 18일

주소/ 대구시 남구 대명역1길 11
Tel (053) 621-2256, Fax (053)624-3559
E-mail : tongsub2013@daum.net
www.tongsub.com

값 : 15,000원

ISBN 979-11-953733-5-2

우리말
유마경

한문번역　구마라집
한글번역　정명 김성규

통섭출판사

머리말

경은 부처님께서 말씀하신 것입니다.

그렇기 때문에 누구든지 쉽게 알아들을 수 있어야 하며 쉽게 이해하고 실천에 옮겨 자신의 삶의 문제가 될 수 있어야 합니다. 진정한 의미에서 우리가 읽어 이해할 수 없는 경전은 이미 경전이 아닙니다. 경전이 이 땅의 역사 속에서 살아있기 위해서는 몇 백 년이 걸리더라도 되번역 되어야 합니다. 부처님의 삶을 닮아가고자 경전에 의거하여 진지한 삶을 추구하는 수행자들이 평생 이 일에 자신을 던지는 한이 있더라도 이 땅의 살아있는 언어로 되번역 하는 역경은 꼭 이루어져야 합니다.

매일 부처님께서 걸어가신 삶의 자국들을 되새겨 봅니다.

가끔씩 구마라집의 삶을 생각해 봅니다.

부처님께서 살아계셨던 때와 구마라집이 경전을 한문으로 번역할 때와 오늘날의 역사적 상황들을 생각하면서 2500년 전 부처님의 마음을 지금의 우리말로 되살려 보려고 있는 힘을 다하였습니다.

여기 되번역 된 부처님의 말씀이 우리들의 가슴에 한 송이 하얀 연꽃으로 피어나기를 간절히 기도하면서.

(우리말 유마경을 처음 펴 내면서)

1995년 1월

淨名 김성규 합장

서문을 다시 쓰면서

부처님의 자비가 세상에 충만하기를 기원합니다.

우리말유마경이 절판된 지 몇 년이 되었습니다. 주위의 많은 분들이 계속 유마경을 찾았지만 다시 발행하지 못하고 있다가 이제야 다시 마음을 내게 되었습니다.

수정을 한다고 내용을 찬찬히 읽어보니 1994년 처음 번역할 때 그 마음이 되살아나 마음이 벅차올랐습니다. 저는 아직도 이 유마경이 가장 아름다운 번역임에 주저하지 않습니다. 불교의 진리와 유마경이 성립될 당시의 시대 상황과 새로운 변화를 모색하는 유마의 진정한 마음이 유마경에는 담겨있습니다. 2500년의 시대를 뛰어넘어 이 시대의 상황과 언어로 이 유마경을 되번역하려고 애써던 그때의 마음이 새로워 서문을 다시 적어봅니다.

유마는 중생을 중생으로 보지 않았으며 부처를 그냥 부처로 보지 않았습니다. 유마의 그 절절한 마음이 더욱 그리운 가을입니다. 이 유마경을 통하여 불교의 대자자비와 지혜의 칼날을 다시 보게 됩니다.

그리운 유마꽃은 언제 필는지.
세상은 그대로 청정일 뿐인데.

2016년 가을
淨名 김성규 합장

차 례

1

부처님 나라

1. 부처님 나라

(1-1) 이와 같이 나는 보고 들었다.

한 때에 부처님께서는 바야리성에 있는 〈암나나무동산절〉에서 우안거를 보내셨다.

그 때 이 절에는 수행자 8,000명이 부처님과 함께 수행하고 있었다. 그들은 모두 부처님처럼 되고자 지극정성으로 수행하여 행위는 법도에 어긋남이 없었으며 세상과 사물을 보는 지혜가 성숙하였다. 부처님께서 전법을 위하여 다른 지방으로 유행을 떠나시고 나면 누구나 부처님을 대신하여 설법을 할 수 있었다. 그리하여 비야리성에 살고 있는 많은 사람들에게 전법하여 부처님의 법에 따라 맑고 밝은 생활을 영위하게 하였으며, 또 다른 종교를 믿고 있는 외도들도 설득하여 부처님에게 귀의하여 수행자가 되게 하였다.

(1-2) 부처님의 제자들은 진실한 삶에 대한 확고한 믿음이 있었기 때문에 부처님께서 가르치신 대로 수행하여 세상에 대한 소유욕이나 권력욕, 명예욕을 모두 여의었고 마음은 항상 고요한 선정에 들어있었다.

바른 법을 위해서는 목숨이라도 내놓을 만큼 베품에 철저하였으며, 바른 법을 듣기 위하여 며칠 씩이나 그대로 앉아 있었으며, 부처님의 말씀대로 수행하면 최상의 삶을 성취한다는 확신을 가지고 정진과 선정에 들었다. 이러한 수행력으로 모두 밝은 태양과 같이 지혜가 충만하여 최상의 성취를 이루었고 상대방의 근기에 따라 알맞은 비유를 들어 쉽게 이해하도록 하여 즉시 잘못된 것을 바로잡아 진리의 길로 나아가게 하였다.

(1-3) 많은 보살들이 있었는데 그들의 이름은 다음과 같다. 등관보살, 부등관보살, 등부등관보살, 정자재왕보살, 법정자재왕보살, 법상보살, 광상보살, 광엄보살, 대엄보살, 보적보살, 변적보살, 보수보살, 보인수보살, 상거수보살, 상하수보살, 상참보살, 희근보살, 희왕보살, 변음보살, 허공장보살, 집보거보살, 보용보살, 보견보살, 제망보살, 명망보살, 무연관보살, 혜적보살, 보승보살, 천왕보살, 괴마보살, 전덕보살, 자재왕보살, 공덕상엄보살, 사자후보살, 뇌음보살, 산상격음보살, 향상보살, 백향상보살, 상정진보살, 불휴식보살, 묘생보살, 화엄보살, 관세음보살, 득대세보살, 범망보살, 보장보살, 무승보살, 엄토보살, 금발보살, 주발보살, 미륵보살, 문수사리법왕자보살이었다.

(1-4) 그들은 법에 맞는 것과 어긋나는 것을 분명하게 알기 때문에 자신을 다스리고 교화하는 데 걸림이 없었으며, 어떤 일이 일어났을 때 그 사건이 일어난 원인을 꿰뚫어 알 수 있기 때문에 자신을 다스리고 교화하는 데 걸림

이 없었으며, 더 나아가 끊임없이 되풀이 되는 삶과 죽음에 대해서도 초월하여 자신을 다스리고 교화하는 데 걸림이 없었다. 마침 부처님께서 이러한 수행자들에게 법을 설하는 날이어서 비야리성에 있는 많은 사람들이 구름처럼 몰려들어 함께 법을 청하였다.

(1-5) 대중들 사이에 보적이라는 이름을 가진 비야리성의 부호의 아들이 있었다. 젊은 보적은 진리를 좋아하여 다른 부호들의 아들 오백 명과 무리를 지어 매일 나무 그늘에 앉아 토론을 하였다. 이 날도 오백 명의 벗들과 토론을 하다가 부처님의 설법을 듣기 위하여 양산을 하나씩 받쳐들고 암나무동산절로 모여 들었다. 부처님께서는 이 광경을 보시고 신통을 부려 오백 개의 양산을 하나의 양산이 되게 하여 그 양산 속에 천상세계, 인간세계, 아수라세계, 축생세계, 아귀세계, 지옥세계와 같은 온우주를 나타나게 하여 모여 있는 모든 대중들에게 마음 씀씀이에 따라 일어나는 여러 세계에 대한 생생한 체험을 하게 했다. 그들은 부처님의 이 거룩한 신통력을 보고 환희심이 가득찬 마음으로 부처님께 예배를 올렸다.

(1-6) 시적 능력이 뛰어난 보적은 벅차오르는 감정을 누르지 못하고 부처님 앞으로 나아가 다음과 같은 게송으로 부처님을 찬탄하였다.

맑은 눈 길고 넓고 청련화 같은데
마음은 맑고 고요하여 선정에 드셨고
공덕을 쌓고쌓아 인품도 하늘이네
중생들의 스승이신 부처님께 정례합니다.

스승께서 신통으로 변화하시어
시방 세계 많은 국토 나타내시니
국토마다 부처님의 설법이시네
숨 죽이며 귀 기울여 듣고 봅니다.

원래부터 짓고 받을 인과 없건만
선과 악의 업보만은 분명하구나
보리수 아래서 모든 번뇌 항복 받아
연기법 깨달아서 성불 하셨네.

마음과 마음 작용 고요하여 흔들림이 없으니
삿된 소견 외도들을 조복시키고
사성제의 거룩한 법 바퀴를 굴리니
번뇌의 나무에서 열반 꽃 피는구나.

하늘에서 인간에서 이 도를 펴니
올바름과 깨끗함이 세상을 덮어

중생들의 바른 삶에 이정표 되어
받아 지녀 닦으니 열반을 얻네.

칭찬에도 비방에도 움직이지 않고
착한이와 악한이를 분별 않으며
나고 죽음 제도하는 진리의 법왕님께
진심으로 머리 숙여 정례합니다.

중생들이 오가는 곳 모두 아시고
모든 법의 존재실상 바로 아시며
이 세상에 애착 없기 연꽃 같으며
모든 법의 공한 성품 깨달으시니
세간과 출세간을 통달하여 걸림이 없고
허공 같이 텅 빈 부처님께 귀의 합니다.

(1-7) 게송을 마친 보적은 환희에 가득 찬 마음으로 부처님께 여쭈었다.

"부처님이시여, 이 오백 명의 젊은이들은 인간으로 태어나 세상을 이롭게 하고자 〈최상의 깨달음을 성취하겠다〉고 굳게 맹세 하였습니다. 진정한 이상 세계가 어떤 것인지 부처님의 귀한 말씀을 듣고자 원합니다. 수행자들이 이상 세계의 실현을 위해서 어떻게 살았는지 예를 들어 말씀해 주시면 저희들이 어떻게 살아야 할 것인가에 대한 좋은 귀감으로 삼겠습니다."

보적의 행위와 말을 조용히 듣고 계시던 부처님께서 말씀하셨다.

"착하구나. 착하다. 보적아. 진지한 삶을 추구하는 젊은이라면 응당히 보적이 너와 같은 그런 마음을 낼 것이다. 수행자들이 이상 세계를 실현하기 위해서 어떻게 살았는지 얘기해 줄테니 잘 듣고 생각해 보아라."

항상 토론을 좋아했던 오백 명의 젊은이들은 더 할 수 없는 마음의 충족감을 느끼면서 조용히 부처님의 말씀에 귀를 기울였다.

(1-8) 부처님께서 대중들을 한 번 둘러보시고 조용히 말씀하셨다.

"보적아, 수행자들이 생각하는 이상 세계는 인간들만을 위한 세계가 아니라 모든 생명들을 위한 세계이다. 그러므로 수행자가 생각하는 이상 세계는 교화할 대상이 인간이라면 인간에게 맞게, 동물이라면 그 동물에 맞는 이상 세계가 실현되도록 하는 것이다.

병자라면 병을 낫게 하여 바르게 살도록하는 것이 이상 세계로 들어가는 것이며, 술꾼이라면 맑은 정신으로 세상을 살아가도록 하여 이상 세계에 들어가게 하는 것이다. 이미 부처님의 법을 따라 바른 삶을 살고 있는 자에게는 참선이나, 염불이나 경전공부 중에서 그의 근기에 맞는 방편으로 삶을 성숙시켜 주는 것이다.

(1-9) 수행자들이 깨끗한 마음으로 살아가는 것은 자신을 이익되게 하며 나아가 모든 생명들을 이익되게 하기 위함이다. 소유와 집착을 벗어난 자유로운 마음은 빈 땅에 건물을 지으려는 것과 같이 마음 먹은대로 무엇이든지 지을 수 있지만, 자기 것으로 만들겠다는 탐욕과 내것이라는 집착으로 가득 찬 마음은 건물이 빽빽이 들어서 있는 곳에 집을 지으려는 것과 같이 마음대로 되지 않는다.

(1-10) 보적아!

바른 마음이 보살이 추구하는 이상 세계이며, 진지하게 살아가는 사람들이 이 나라의 백성들이다. 고요한 마음이 보살이 추구하는 이상 세계이며, 성실하게 살아가는 사람들이 이 나라의 백성들이다. 최상의 깨달음이 보살이 추구하는 이상 세계이며, 분명한 자기 목표를 가지고 살아가는 사람들이 이 나라의 백성들이다. 아무리 귀한 것도 필요한 사람에게 아낌 없이 베풀 수 있는 그 마음이 보살이 추구하는 이상 세계이며, 소유욕에서 자유로운 사람들이 이 나라의 백성들이다. 윤리와 질서를 지킴으로써 많은 사람들이 행복하게 살게하는 그 마음이 보살이 추구하는 이상 세계이며, 오계와 같은 계율을 잘 지키는 사람들이 이 나라의 백성들이다. 참기 어려운 것을 능히 참을 수 있는 그 마음이 보살이 추구하는 이상 세계이며, 더 높은 이상을 실현시키기 위하여 어떠한 어려움도 참고 견디는 사람들이 이 나라의 백성들이다. 깨달음을 성취하기 위하여 자신을 향상시키는 그 마음이 보살이 추구하는 이상 세계이며, 목표를 향하여 끊임없이 나아가는 사람들이 이 나라의 백성들이다. 나와 너의 분별이 없는 그 마음이 보살이 추구하는 이상 세계이며, 자신의 몸뚱이에 집착하지 않고, 애욕에 물들지 않는 사람들이 이 나라의 백성들이다.

(1-11) 모든 생명들을 사랑하고 불쌍히 여기며, 좋은 일은 함께 기뻐하고 어떠한 잘못도 용서해 줄 수 있는 넓은 마음이 가득 찬 세상이 보살이 추구하는 이상 세계이며, 자신의 몸 때문에 삿된 생각이 일어나면 백 년 후에는 없어질 몸뚱이임을 생각하고, 상대방의 몸으로 인하여 애욕적인 감각이 일어나면 상대방의 몸 속에 들어있는 피와 고름을 생각하여 더러운 몸뚱이임을 알아 애욕이 없고 집착이 없는 마음이 가득 찬 세상이 보살이 추구하는 이상 세계이다.

(1-12) 이미 생긴 나쁜 것은 부지런히 노력하여 없애고, 아직 생기지 않은 나쁜 것은 생기지 않게 하며, 아직 생기지 않은 착한 것은 생기게 하며, 이미 생긴 착한 것은 더욱 더 성하도록 노력하는 이러한 마음이 가득 찬 세상이 보살이 추구하는 이상 세계이며, 올바른 생각과 올바른 행

위와 올바른 생활과 올바른 수행으로 충만된 세상이 보살이 추구하는 이상 세계이다. 자신이 행한 행위에 대하여 보답을 바라지 않고 다른 사람이 행한 정당한 행위를 마음껏 칭찬해 주는 그런 마음이 가득 찬 세상이 보살이 추구하는 이상 세계이다.

(1-13) 그러므로 보적아,

보살은 그 마음이 바르므로 좋은 일을 행하게 되고, 좋은 일을 행하므로 마음이 고요해지고, 마음이 고요하니 생각이 자유로워 질서를 벗어나지 않고, 생각대로 행해도 법에 맞으며, 행위를 하되 행위의 결과에 집착하지 않으므로 세상을 이롭게 하며, 세상을 이롭게 하고자 하는 마음뿐이니 이롭게 하는 방법이 저절로 생기며, 이 방법에 따라 모든 생명들을 교화하니 모든 생명들은 자연히 이롭게 되어 이상 세계가 이루어진다. 이러한 이상 세계는 원하는 모든 것들이 성취된 세계이므로 소유와 집착에서 자유로워 저절로 깨끗해지고, 세계가 깨끗하므로 그 세계에서 설해지는 설법이 깨끗하며 설법이 깨끗하므로 거기에서 나오는 지혜 또한 깨끗하여 그 마음이 깨끗하고 마음이 깨끗하므로 온 우주가 깨끗해진다.

(1-14) 그러므로 보적아,

보살이 이상 세계를 실현하려면 먼저 그 마음이 깨끗해야 한다. 마음이 깨끗하면 우주는 저절로 깨끗해지고 그

속에서 이상 세계는 어느 곳에서든지 이루어진다.

이 말을 듣고 사리불은 마음 속으로 이렇게 생각했다.

"만일 보살의 마음이 깨끗하면 이상 세계가 깨끗해진다고 하셨는데 부처님께서 보살행을 행하실 때도 마음이 더럽지 않았을 것인데 어찌하여 지금 눈 앞에 펼쳐져 있는 이 세상은 깨끗하지 못할까?"

부처님께서는 벌써 그 생각을 아시고 이렇게 물었다.

"사리불아, 너는 어떻게 생각하느냐? 저 하늘 높이 떠 있는 해와 달이 없어서 장님이 보지 못하느냐?"

"그렇지 않습니다. 부처님이시여, 그것은 장님이 앞을 못 보기 때문에 보이지 않는 것이지 해와 달이 없어서 못 보는 것이 아닙니다."

"바로 그렇다. 사리불아, 모든 생명들이 탐하는 마음과 화내는 마음과 어리석은 마음에 의한 업 때문에 세계가 더럽게 보일 뿐이지 이 세계는 본래 깨끗한 것이다. 이 세계는 본래 깨끗하건만 너희들이 보지 못하고 있을 뿐이다."

(1-15) 그 때에 나계법왕이 사리불에게 말하였다.

"사리불이여, 이 세계가 깨끗하지 못하다는 생각을 하지 마십시오. 지금 부처님이 계시는 이 세계는 하늘 나라와 같이 깨끗합니다."

만족스럽지 못한 표정으로 사리불이 말했다.

"내 눈에 보이는 이 세계는 높고 험한 산과 깊은 골짜기로 이루어져 있으며 그 속에는 귀중하지도 않는 가시덤불과 모래와 흙과 돌과 강으로 채워져 있소.”

나계법왕이 말했다.

“사리불이여, 당신의 마음이 평등하지 못하기 때문에 높고 낮은 것이 있으며 이 세계가 더럽게 보이는 것입니다. 보살은 모든 생명에게 한결 같이 평등하고 고요한 마음이 맑고 깨끗하여 부처님의 지혜를 믿고 따르기 때문에 이 세계가 깨끗하게 보이는 것입니다.”

(1−16) 그때에 부처님께서는 조용히 선정에 들어 우주를 귀중한 보물로 가득 채워 보장엄부처님이 계시는 나라와 같은 장엄 세계로 보이도록 신통을 부리셨다. 황홀경에 빠져 주위를 살펴본 모든 대중들은 처음 보는 신비한 세계를 찬탄하였다. 마치 하늘에 떠 있는 것 같은 기분이 들어 자신의 발 밑을 내려다 보니 자신들도 연꽃 보배 위에 서 있었다.

부처님께서는 사리불에게 말씀하셨다.

“사리불아, 너가 지금 보고 있는 이 세계가 어떻게 보이느냐?”

“부처님이시여, 제가 지금 보고 있는 이 세계는 이제까지 본 적도 없고 들은 적도 없는 깨끗하게 장엄된 멋진 세상입니다.”

부처님께서 사리불에게 말씀하셨다.

"사리불아, 진리의 세계는 항상 이렇게 거룩하고 깨끗하건만 진실을 보지 못하는 사람들의 눈에는 더럽고 나쁜 것으로 가득 찬 세상처럼 보이는 것이다. 같은 물을 먹고도 세상을 이롭게 하는 소 젖이 되기도 하고 해로운 독이 되기도 하는 것과 같은 이치이다. 같은 세상에 살고 있으면서도 보살에게는 거룩하고 깨끗한 세계로 보이며 너희들에게는 보잘것 없고 더러운 세계로 보이는 것이다. 그러므로 마음이 깨끗하면 세상이 달라지는 것이다."

(1-17) 부처님께서 신통으로 거룩하고 깨끗한 세계를 나타내었을 때 보적과 함께 온 오백 명의 젊은이들은 모두 나고 죽음의 본질을 꿰뚫어 진리의 세계에 들어갔으며, 비야리성에서 모여든 많은 사람들도 깨달음을 성취하겠다는 원을 세웠다.

부처님께서 신통을 거두시고 본래의 모습으로 돌아오자 많은 수행자들은 이 세상에 존재하고 있는 형상들이 끊임없이 변하고 무상하다는 존재의 실상을 꿰뚫어 보고 모든 법이 공한 이치를 깨닫게 되어 번뇌가 다 소멸하여 마음이 열렸다.

2

중생과 더불어

2. 중생과 더불어

(2-1) 그 당시 비야리성에는 유마라고 불리는 부유한 사람이 살고 있었다.

그는 전생에 한량 없는 부처님을 받들어 모시고 수행 정진하여 이미 최상의 깨달음을 성취하였다. 사람들을 진리의 세계로 들어오게 하는 설득력이 뛰어나 걸림이 없었으며, 신통이 자재하여 마군이나 강도에게도 두려움이 없었으며, 진리를 깨달아 나고 죽는 바다를 건넜으며, 어리석은 사람들을 바르게 인도하는 마음 다스리는 법을 알고 있었으며, 사람들의 근기에 따라 알맞는 법을 설하여 진실을 보게 하였으며, 일할 때나 이야기 할 때도 선정에 들어 마음은 항상 고요하였으며, 모든 생명들을 깨달음의 세계에 들게 하겠다는 큰 서원을 세워 깨달음을 성취하였음에도 세속에 머물러 있었는데, 그의 마음의 크기는 바다와 같아 헤아릴 수 없었다. 모든 부처님과 부처님의 제자들과 하늘나라의 왕들과 여러 나라의 왕들도 그를 존경하였다.

(2-2) 유마는 사람들에게 진리를 가르치기 위하여 교묘한 방편으로 비야리성에 살고 있었다. 수많은 재물을 적절하게 사용하여 가난한 사람을 교화하였으며, 드러나지 않게 계행을 지켜 삶의 목표가 없고 생활이 무질서한 사람들에게 은근히 따르게 하여 진실한 삶으로 돌아오게 하였으

며, 보통 사람들이 능히 참기 힘든 극한 상황에 처하여도 평소와 같이 아무일도 없는 듯이 잘 참음으로써 화를 잘 내는 성질이 급한 사람들로 하여금 스스로를 돌아보게 하여 인욕을 가르쳤으며, 한결 같은 마음으로 삶에 임하는 굴곡 없는 꾸준한 정진으로 게으른 사람들로 하여금 스스로 반성하게 하여 지극하게 살게하였으며, 하나가 된 안정된 마음으로 다른 사람들을 대함으로써 다른 사람들에게 평안하고 자유로운 마음이 되어 살아 있음에 대한 기쁨을 느끼게 하였으며, 행동으로서 진실한 지혜를 나타내어 어리석은 사람들로 하여금 "왜 사는지?" "어떻게 살아야 하는지?"하는 근본 명제를 던져 주어 삶의 진정한 의미를 스스로 찾게 하였다.

(2-3) 흰 옷을 입은 속인이지만 진실한 삶을 추구하는 수행자의 삶을 살았으며, 처자와 더불어 세속에서 살림을 하였지만 세속적인 부와 명예와 애욕에도 집착하지 않았으며, 형제와 친척들이 있었지만 정에 치우쳐 집안 문제를 돌보지 않고 진실에 비추어 정당하게 집안을 다스렸으며, 몸은 항상 깊은 선정으로 치장하여 맑고 밝음이 가득하였으며, 음식은 몸을 지탱하기 위한 최소한의 양을 섭취하였으며, 장기와 바둑과 같은 오락을 즐기되 오락에 빠져 인생을 허무하게 보내고 있는 사람들을 제도하기 위하여 그들과 더불어 놀 때만 두었다.

(2-4) 외도들과 어울릴 때는 바른 믿음이 어떤 것인지 보여 주었으며, 다른 사람들을 교화할 때 불법만 이야기 하는 것이 아니라 세상의 다른 좋은 가르침도 함께 가르쳐 주어 스스로 불법으로 돌아오게 하였으며, 사람을 사귀되 아이들과 어울리면 아이들의 친구가 되고 어른들과 어울리면 어른들의 친구가 되며 아이와 어른을 가리지 않았다. 재물이 들어오면 재물에 집착하지 않고 필요로 하는 곳에 아무도 모르게 슬쩍 갖다 주었다. 세상에 있으면서도 세상에 집착하지 않고 더불어 살고 있는 고통 받는 모든 사람들에게 자유와 평등의 씨를 뿌려 주었다.

(2-5) 돈이 많은 부자들과 함께 있을 때는 베풀어줌의 미덕을 이야기하여 그들로 하여금 스스로 베푸는 마음을 내게 하였으며, 가난한 사람들과 함께 있을 때는 욕심을 버린 깨끗한 삶을 이야기하여 그들로 하여금 스스로 무소유의 마음으로 살게 하였으며, 귀한 왕족들과 함께 있을 때는 천민들이 살아가는 모습을 이야기하여 그들로 하여금 스스로 인욕할 줄 알게 하여 사회 질서가 양심으로 유지되게 하였으며, 바라문들과 함께 있을 때는 모든 생명들의 귀하고 천함이 출신에 있는 것이 아님을 알게 하여 스스로 교만심에서 벗어나 진정한 종교인이 되게 하였으며, 나라 일을 보고 있는 대신들과 함께 있을 때는 권력의 허무함을 알게 하여 높은 자리에 있을때 많은 사람들의 이익

을 위하여 바른 법을 펴도록 가르쳤다. 유마는 이와 같이 한량없는 방편으로 모든 생명들을 이익 되게하여 이 땅이 바로 극락이게 하였다.

(2-6) 하루는 점심 공양을 하고 방안에 앉아 그대로 선정에 들었다. 저녁 무렵 선정에서 깨어난 유마는 자리를 펴고 눕더니 몸에 갑자기 병이 들어 움직일 수가 없다고 소문을 펴뜨렸다. 유마가 병이 났다는 소문이 하루만에 온 성에 퍼졌다. 다음 날 오후가 되자 임금님과 대신들과 바라문들과 성내 사람들 수 천명이 찾아와 병 문안을 하였다. 유마는 몸에 병이 난 것을 인연으로 하여 병 문안을 오는 모든 사람들에게 법문을 하였다.

(2-7) "벗들이여, 이 몸은 덧없는 것이어서 항상 건강한 것도 아니며 큰 힘이 있는 것도 아니며 끊임없이 늙어 가는 것이므로 괴로운 것이며 믿을 것이 못됩니다. 건강한 것 같지만 조금만 방심하면 모든 병이 이 몸으로부터 생겨 납니다.

벗들이여, 이 몸은 물거품과 같아서 아무리 애지중지 하여도 곧 없어지는 것이며, 이 몸은 목 말라하는 애욕으로 생겨 났으므로 아무리 애지중지 하여도 봄 날 아지랭이 처럼 곧 없어지는 것이며, 이 몸은 파초와 같이 속이 텅텅 비어 있어서 진실함이 없으며, 이 몸은 요술쟁이의 눈 속임 같아서 있는 것 같으면서 없는 것이며, 꿈과 같아 깨고 나면 허망한 것이며, 이 몸은 그림자와 같아서 업으로 나타난 것이며, 이 몸은 메아리와 같아서 인연의 울림으로 이루어진 것이며, 이 몸은 구름과 같아서 끊임없이 변화하는 것이며, 번개와 같아서 한 순간도 머물지 못하는 것입니다.

(2-8) 이 몸은 지(地)대(단단한 성질), 수(水)대(유동적인 성질), 화(火)대(뜨거운 성질), 풍(風)대(움직이는 성질)로 이루어져 있으며 인연이 다하면 공으로 돌아가는 것입니다.

그러므로 이 몸은 땅과 같아서 자기 주장 밖에 모르는 고집불통이며, 때로는 불과 같아 잠시 활활 타오르다가 꺼지는 나라고 하는 것이 없는 것이며, 때로는 바람과 같아 순간적으로 지나쳐 영원하지 못하며, 때로는 물과 같아 끊임없이 변하여 고정된 실체가 없습니다.

(2-9) 그러므로 이 몸은 독사와 같고 원수와 같고 도둑과 같으며, 현상적으로는 늙고 병 들고 죽지만, 이 몸은 본래 공하여 나라는 것이 없는 것이며, 나와 남의 구별이 없어 돌맹이와 초목도 이 몸과 하나이며, 이 몸은 본래 적정하여 바다 밑과 같이 고요하면서도 성성하여 밤 하늘의 별과 같이 밝게 깨어 있습니다.

(2-10) 벗들이여, 이 몸의 현상에 따라 고통과 윤회의 원인을 쫓지말고 본래 성품을 바로 보아 깨달음의 세계로

들어가야 합니다. 한량없는 공덕과 지혜는 깨달음의 나라의 문을 여는 열쇠이며, 모든 생명들을 사랑하고 불쌍히 여기며, 좋은 일을 함께 기뻐하고 어떠한 잘못도 용서해 줄 수 있는 넓은 마음이 깨달음의 나라의 문을 여는 열쇠이며, 모든 악한 것을 끊고 착한 일을 행하는 것이 깨달음의 나라의 문을 여는 열쇠이며, 지극하고 하나 된 마음이 깨달음의 나라의 문을 여는 열쇠입니다.

착한 벗들이여, 내 병을 낫게 할려거든 당신들이 깨달음을 성취하여 부처가 되는 방법 밖에 다른 도리가 없습니다."

유마가 병 문안을 온 사람들에게 이와 같이 법을 설함으로써 많은 사람들로 하여금 〈깨달음을 이루겠다〉는 큰 원을 세우게 하였다.

3

부처님의 제자들

3. 부처님의 제자들

(3-1) 백성들이 미혹에 빠져 헤매듯이 부처님의 제자인 수행자들도 형상에 집착하여 바른 법을 보지 못하는 것을 유마는 안타까워 견딜 수가 없었으며 이러한 진리에 대한 간절한 유마의 마음을 부처님께서 헤아려 보시고 제자들을 둘러보며 유마에게 병 문안을 보내려고 하였다.

부처님께서는 먼저 사리불에게 말했다.

"사리불이여, 네가 유마에게 가서 그의 병을 문안하여라."

"부처님이시여, 저는 유마의 병 문안을 갈 수가 없습니다. 제가 한 때에 깊은 숲 나무 밑에 앉아 조용히 좌선을 하고 있는데 유마가 찾아와 이렇게 말했습니다.

(3-2) 아! 사리불. 앉아 있는 것만이 좌선이 아닙니다. 좌선이란 생사를 거듭하는 미혹의 세계에 있으면서도 몸이나 마음의 작용을 나타내지 않는 것을 말합니다. 또 깨달음의 길을 걸으면서도 세속적인 일상생활을 보내는 것이 좌선이며, 마음이 안으로 갇히어 적정에 잠기는 것도 아니고 밖을 향해 어지러워 지지도 않는 것이 좌선이며, 번뇌를 끊지 않은 채 궁극적인 깨달음에 들어가는 것이 좌선입니다.

만약 이와 같이 좌선을 할 수 있다면, 부처님께서도 인정해 주실 것입니다. 생활과 격리된 깨달음은 있을 수 없는 것이며 깨달음의 성취도 바로 생활 속에서 이루어져야 합니다. 깨달음의 세계는 환상도 허구도 아닙니다. 실재 생활 속에 내재하고 있는 현실의 향기이며 여운인 것입니다.

저는 그 때 유마의 말을 듣고 아무 말도 하지 못했습니다. 그러므로 제가 유마를 찾아가 병 문안을 하는 것은 도리어 유마의 마음을 아프게 할 뿐입니다.”

(3-3) 부처님께서는 사리불 옆에 앉아 있는 목건련에게 말했다.

“목건련이여, 네가 유마의 병을 문안하고 오너라.”

목건련이 부처님께 말씀드렸다.

“부처님이시여, 저도 유마의 병 문안을 갈 수가 없습니다. 제가 한 때에 비야리성의 어느 마을에서 젊은이들을 모아 놓고 설법을 하고 있을 때 유마가 나타나서 제가 하는 설법을 잠자코 듣고 있더니 다음과 같이 말했습니다.

목건련이여, 신자들에게 법을 설할 때 당신처럼 그렇게 설해서는 안 됩니다. 설법은 법대로 설해야 합니다. 그러면 법이란 무엇인가? 법이라고 하면 세상 사람들은 무엇인가 영원히 변하지 않는 주체적인 실체를 생각하지만, 법에는 그런 것이 없습니다. 법에는 그것을 특징 지우는 모습이 없으며, 모습으로써 포착할 것도 없습니다. 말로써 표현되지 않으니까 명칭이 없고, 형태도 없으며, 마음에 떠오를 것도 없습니다. 법은 사물의 있는 그대로의 모습과 같으며, 오는 일도 가는 일도 없으며, 좋고 나쁜 것도 없으며, 늘고 줄어듦도 없으며 나고 죽음도 없습니다. 눈이나 귀, 코, 혀, 피부, 마음으로서는 잡을 수 없는 것이며, 본래 있는 그래로의 모습일 뿐입니다.

당신처럼 그렇게 설해서는 이 법을 충분히 설명할 수도 없으며, 또 들으려고 해도 들을 수도 없고 얻으려고 해도 얻을 수도 없습니다. 이를테면 환술사가 스스로 만들어 낸 사람을 향해 법을 설하는 것과 같아서, 거기에는 아무것도 설해지지 않으며 들어주는 이도 없습니다. 그러므로, 이런 무심한 경지에 서서 법을 설해야 바른 법을 설하는 것이 됩니다.

또 듣는 사람의 능력이나 상태를 생각하고, 진실을 꿰뚫어 보는 지혜를 연마해야 되며, 세상 사람을 구하는 데는 대승의 길 밖에 없다고 생각해서 그 가르침을 찬탄하고, 부처님의 은혜에 보답하기 위해서는 부처님과 그 가르침과 승단이 영원히 보존되어야 한다는 생각으로 법을 설해야 합니다. 형식에 얽메여 형식적으로 법을 설하고 있는 당신은 이미 부처님의 제자가 아닙니다. 어떤 일이 이루어지는 과정에서 처음에는 정신이 살아 있었지만 세월이 흘러 정신은 없어지고 형식만 남게 된 것입니다. 생활과 시대에 어울리는 살아있는 법을 설하지 못하고 고여 있는 물과 같은 죽은 법을 설하면서 법이라고 말 할 수 없는 것입니다. 법은 초역사적인 진리이지만 법의 표현은 시대와 지역에 따라 맞는 옷으로 갈아 입어야 하는 것입니다.

유마의 이 법문을 듣고 그 자리에 있던 수 백명의 젊은 이들이 〈위 없는 바른 깨달음〉을 이루겠다는 마음을 냈습니다. 저는 그 때 유마의 이 법문을 듣고 아무 말도 하지 못했습니다. 그러므로 제가 유마를 찾아가 병 문안을 하는 것은 도리어 유마의 마음을 아프게 할 뿐입니다. 이것이 제가 유마에게 가지 못하는 이유입니다."

(3-4) 그러자 부처님께서는 가섭에게 말씀하셨다.

"가섭이여, 네가 유마에게 갔다 오너라."

가섭이 부처님께 말씀드렸다.

"부처님이시여, 저는 유마의 병 문안을 갈 수가 없습니다. 어느 때에 제가 가난한 마을에서 걸식하고 있는데 유마가 다가와서 다음과 같이 말했습니다.

가섭이여! 자비심을 지녔으면서 부자집은 피하고 가난한 사람에게서만 먹을 것을 빈다는 것은 진정으로 모든 것에 대해 자비심을 갖는 태도라고는 볼 수 없습니다. 모든 것은 평등하다는 진리를 따르고, 자연스러운 순서에 응해서 걸식해야 합니다. 걸식은 잘 먹기 위해서가 아니라 먹지 않기 위한 행위입니다. 음식을 취하는 것은 여러 요소의 결합에 의해 구성된 이 육체를 보존하기 위해서가 아니라 도리어 이에 대한 집착을 떠나고자 하기 때문이며 나아가 깨달음을 얻고자 하는 것입니다. 마을에 가서 먹을 것을 빌 때에도 아무도 없는 빈 마을에 들어간 것처럼 집착 없는 마음을 지녀야 합니다. 그리고 아름답고 더러움을 분간 못하는 소경과 같은 생각을 가지고 보시하는 사람에게서는 그 사람의 목소리를 단순한 음향처럼 듣고 음식 냄새를 단순한 바람처럼 생각하고 맛이 있고 없음을 분간하지 않고 몸에 닿는 부드러운 감촉에도 얽매이지 않고 모든 존재는 환상에 지나지 않는다고 생각하면서 음식을 받아야 합니다. 또 음식을 먹을 때에는 이것은 옳고 이것은 그르다는 따위의 피상적인 생각을 버리고 바름이나 삿됨이나 그 본성은 언제나 같다고 이해한 다음 얼마 안되는 음식이라도 평등한 마음으로 모든 사람에게 나누어주고 부처님이나 성자들에게 공양하고 난 후에 먹어야 합니다.

그리고 이렇게 하여 먹는 경우는 식욕을 채우려고 먹는 것도 아니요, 식욕을 떠나서 먹는 것도 아니며 고요한 무심의 경지에서 먹는 것도 아니요, 무심의 경지를 초월하여 먹는 것도 아니기에 자기 중심인 소승의 성자와 길을 달리하는 보살의 모습이 인정되는 것입니다. 또 보시하는 사람에 대해서도 그 보시의 공덕의 대소를 생각하는 따위의 집착심을 버릴 때 보시된 음식도 헛된 것이 아닙니다.

저는 그 때 유마의 이와 같은 말을 듣고 아무 말도 하지 못했습니다. 그러므로 제가 유마의 병 문안을 가는 것은 유마의 마음을 더욱 아프게 할 뿐입니다. 이것이 제가 유마에게 병 문안을 갈 수 없는 이유입니다.

(3-5) 부처님께서 수보리에게 말씀하셨다.

"수보리야, 네가 유마의 병을 문안하고 오너라."

수보리가 부처님께 말씀하셨다.

"부처님이시여, 저도 유마의 병 문안을 갈 수 없습니다. 한 때에 제가 걸식하고 있을 때 그의 집에 가서 걸식한 적이 있습니다. 그는 저의 발우(그릇)를 가지고 가서 다음과 같이 말했습니다.

만약 음식에 대해 평등할 수가 있으면 모든 것에 대해서도 평등할 수가 있고, 모든 것에 대해 평등할 수가 있으면 음식에 대해서도 평등할 수가 있습니다. 평등한 마음으로 밥을 빌 수만 있다면 주는 것을 먹어도 됩니다.

번뇌에서 벗어난 것도 아니나 그렇다고 번뇌속에 있는

것도 아니며, 또 어리석지 않으나 그 어리석음에서 벗어난 것도 아니며, 성인인 것도 아니며 그렇다고 성인이 아닌 것도 아닌 평등한 공의 이치를 체득할 수 있다면 이 음식을 먹어도 좋습니다. 또 만약 부처님이나 부처님의 가르침에는 눈길도 주지 않고 이교도를 스승으로 삼아 잘못된 길을 가다가 지옥에라도 떨어질 각오가 되어 있다면, 이 음식을 먹어도 좋습니다.

또 그릇된 생각을 버리지 않으면서 깨달음에 대한 생각도 없고, 번뇌속에서 헤어나지도 못하면서 깨달으려고도 하지 않는다면 이 음식을 먹어도 좋습니다. 공의 이치를 체득하여 그대가 분별심이 없는 삼매 속에 들어간다면 모든 사람도 똑같이 이 경지에 들어가겠지만 그 경지에 들어가지 못한 그대에게 보시해 봤자 공덕이 되기는 커녕, 지옥이나 아귀, 축생의 경계에 떨어질 것입니다. 그러므로 악마와 손을 잡아 번뇌의 벗이 되든지 아니면 악마나 번뇌와 하나가 되어서 모든 사람을 원망하고 부처님의 가르침을 훼방해서 끝내 깨달음을 이루려고 하는 따위의 생각을 버린다면 이 음식을 먹어도 좋습니다.

수보리여! 걱정하지 말고 음식을 가져 가십시오. 부처님이 만드신 환상의 인간이라면 이런 말을 들었다 해서 대답할 바를 몰라 걱정하겠습니까?

일체의 존재는 환상과 같은 것이니까 당신은 걱정할 필

요가 없습니다. 왜냐하면 모든 언어도 환상임을 깨달아야 합니다. 지혜로운 사람은 문자 같은 것에 집착하여 근심하는 일이 없습니다. 문자는 그것을 나타내고자 하는 사물에서 분리돼 있는 까닭입니다. 말하자면 문자라는 것 따위는 처음부터 없었던 것입니다.

이것이 바로 진정한 해탈이며, 이 해탈의 모습이 곧 일체의 존재 그것입니다.

우리는 사회의 부패나 악을 제도 때문이라고 생각하여 제도를 고치거나 새로운 규정을 만들기도 합니다. 그러나 근본적인 문제는 제도가 아니라 우리들 자신이라는 것을 알아야 합니다. 선과 교, 전통불교와 민중불교, 모두 긍정적으로 볼 때는 불교이지만, 부정적으로 볼 때는 모두 불교가 아닌 것 입니다. 우리가 깨달음을 획득했을 때에는 모든 것이 불교 안에 있지만, 깨달음이 없을 때에는 경전이라 하더라도 불교 밖에 있는 것입니다.

유마가 이렇게 말했을 때 저는 그 때 아무말도 할 수가 없었습니다. 그러므로 제가 유마의 병 문안을 가는 것은 유마의 마음을 더욱 아프게 할 뿐입니다. 이것이 제가 유마에게 병 문안을 갈 수 없는 이유입니다."

(3-6) 부처님께서는 부루나에게 말씀하셨다.

"부루나여, 네가 유마의 병 문안을 갔다 오너라."

부루나가 부처님께 말씀드렸다.

"부처님이시여, 저는 유마의 병 문안을 갈 수가 없습니다. 어느 때에 제가 큰 숲 속에서 출가한지 얼마 안된 수행자에게 설법하고 있을 때 유마가 다가와 다음과 같이 말했습니다.

부루나여, 설법을 할려거든 먼저 선정에 들어 설법을 듣는 사람들의 근기와 인연을 관찰하여 거기에 맞는 것을 설하는 것이 설법입니다. 정에 들지 않고 입 안에서만 맴도는 설법은 더러운 음식을 금으로 빚은 보배 그릇에 담는 것과 같은 것입니다. 유리를 가지고 수정이라고 할 수 없는 것처럼 설법을 듣고 있는 저 수행자들이 무엇을 생각하고 있는지 알아야 합니다. 더욱 근복적으로 이 몸이 받고 있는 업의 뿌리를 알아야 바른 법을 설 할 수 있는 것입니다. 큰 길로 가려고 하는 사람에게 좁은 뒷길을 가르켜 주지 말 것이며, 햇빛을 반딧불과 같다고 억지를 쓰지 마십시오.

부루나여, 이 수행자들은 이미 전생에서 다 닦은 수행자들로서 〈모든 생명들과 함께 깨달음〉을 성취하겠다고 큰 마음을 낸 사람들인데 어찌하여 자신만 깨달으면 된다는 소승법을 가르치고 있습니까?

유마는 선정에 들어 수행자에게 전생을 보여줌으로써

자신들이 이제까지 닦아온 수행의 과정을 속속들이 들여다 보고 〈위 없는 바른 깨달음〉을 성취하겠다는 마음에서 한 발자욱도 물러나지 않았습니다.

그 때 저는 유마에게 아무 말도 할 수 없었습니다. 그러므로 제가 유마의 병 문안을 가는 것은 유마의 마음을 더욱 아프게 할 뿐입니다. 이것에 제가 유마의 병 문안을 갈 수 없는 이유입니다."

(3-7) 부처님께서는 가전연에게 물었다.

"가전연이여, 네가 가서 유마의 병을 문안하고 오겠으냐?"

가전연이 부처님께 말씀드렸다.

"부처님이시여, 저는 유마의 병을 문안 갈 수가 없습니다. 한 때에 제가 큰 숲 속에서 수행자들에게 무상에 대하여 무아에 대하여 공에 대하여 고에 대하여 열반에 대하여 설법하고 있을 때 유마가 다가와 다음과 같이 말했습니다.

가전연이여, 나고 죽는 존재 본질에 대하여 집착하는 마음으로 말하지 마십시오. 모든 법을 바로 보기만 하면 태어나는 것도 하나의 현상이고 죽는 것도 하나의 현상일 뿐입니다. 이것을 바로 아는 것이 무상이며, 어떤 불변하는 실체가 있어서 나라고 불리는 것이 아니라 인연에 의해서

생성되었다가 없어지는 관계를 바로 보는 것이 무아이며, 정해진 법이라는 것은 본래 없으므로 공이며, 시간의 흐름에 따라 변하지 않는 영원한 것은 없으며 이 공간 속에서 변하지 않는 절대적인 것이 없음을 꿰뚫어 보는 것이 고이며, 나와 네가 본래 하나이므로 있는 그대로를 보기만 하면 고요하고 적멸하여 열반이라고 하는 것입니다.

유마가 이렇게 말했을 때 저는 아무 말도 할 수 없었습니다. 그러므로 제가 유마의 병 문안을 가는 것은 유마의 마음을 더욱 아프게 할 뿐입니다. 이것이 제가 유마에게 병 문안을 갈 수 없는 이유입니다."

(3-8) 부처님께서는 아나율에게 말했다

"아나율이여, 네가 유마에게 가서 병 문안을 하고 오너라."

아나율은 부처님에게 말씀하였다.

"부처님이시여, 저는 유마의 병을 문안 갈 수가 없습니다. 한 때에 제가 큰 숲 속에서 생각에 잠겨 거닐고 있을 때 엄정이라는 범천왕이 저에게 다가와 묻기를 〈하늘의 눈으로 이 우주를 보면 얼마나 넓고 큽니까?〉 하기에 저는 자만에 빠져 이렇게 대답했습니다. 〈하늘의 눈으로 이 우주를 보면 손바닥에 놓여 있는 호두알을 보는 것과 같습니다.〉 언제 다가왔는지 유마가 옆에서 이 말을 듣고 있다가 다음과 같이 말했습니다.

아나율이여, 하늘의 눈으로 우주를 보았을 때 보겠다는 생각을 일으켜 보았습니까? 그렇지 않다면 보겠다는 생각을 일으키지 않고 보았습니까?

만약 보겠다는 생각을 일으켰다면 업과 식이 따르게 되어 바른 법이 아니며, 보겠다는 생각을 일으키지 않았다면 식의 작용이 없어서 아무 것도 볼 수 없었을 것입니다."

부처님이시여, 유마가 이렇게 말했을 때 저는 아무 말도 할 수 없었습니다. 이 때 범천왕은 유마의 말을 듣고 진실로 기뻐하면서 유마에게 "유마여, 그러면 누가 진정한 하늘의 눈을 가졌습니까?" 하고 물으니 유마는 "부처님께서 진정한 하늘의 눈을 갖고 계십니다. 부처님께서는 항상 삼매중에 있으면서도 세상과 함께 있고, 부처의 세계와 중생의 세계를 둘로 보지 않습니다."하고 말했습니다.

이 말을 들은 범천왕은 〈위 없는 바른 깨달음〉을 성취하겠다는 큰 마음을 내고 유마에게 감사의 인사를 드리고 돌아갔습니다. 이것이 제가 유마의 병 문안을 가지 못하는 이유입니다.

(3-9) 부처님께서는 우바리에게 말씀하셨다.

"우바리여, 네가 유마의 병 문안을 갔다 오너라."

우바리가 부처님께 말씀드렸다.

"부처님이시여, 저는 유마의 병 문안을 갈 수가 없습니다. 어느 때에 두 비구가 계율을 범하고는 부끄러워하면서 저를 찾아와 물었습니다.

"우바리여, 우리들은 건강한 몸으로 술을 먹었습니다. 그러나 죄스러운 마음이 들어 부처님께 말씀드릴 수가 없습니다. 우리들의 의혹과 뉘우침을 풀어주시어 허물을 없애주길 바랍니다."

제가 그들을 위하여 법대로 말하고 있는데 유마가 다가와서 저의 말이 끝나자 이렇게 말했습니다.

"우바리여, 죄에 대해서 형식대로 참회할 것을 가르치면 도리어 죄를 무겁게 하는 결과가 됩니다. 죄가 생기는 것은 간접의 원인인 인연 때문이며 죄 자체라는 것은 없습니다. 죄는 본래 그것을 범한 사람의 내부에 있는 것도 아니며, 외부에 있는 것도 아닙니다.

마음의 본성에서는 번뇌를 찾아볼 수 없습니다. 오히려 망상이야말로 번뇌인 것입니다. 그러므로 망상이 없어지면 저절로 청정해지는 것입니다. 사람들은 생멸하여 멈춤이 없는 꿈이나 물에 비친 달 같이 실재성 없는 것에 대하여 그것이 변하지 않고 분명 거기에 있는 듯 생각하지만 그것이야 말로 망상이 만들어 낸 것이라고 아니할 수 없습니다. 그리고 이 도리를 아는 사람이 바르게 계율을 지키는 자인 것입니다.

어떤 사회든지 그 사회를 유지케 하는 질서가 있습니다. 양심의 최소한인 윤리질서가 무너지면 지옥이 되는 것입니다. 오계는 불교가 불교이게 하는 최소한의 질서입니다. 오계는 소극적이어서는 안됩니다. 적극적이어야 합니다. 적극적일 때 시대를 초월하여 진실일 수 있는 것입니다.

생명을 소중히 다루어 생명을 살려라.

자신의 처지에 만족할 줄 알아 항상 베푸는 마음으로 살아라.

즐기기 위해서 음행을 하지말라.

적은 이익에 얽매이지 말고 바르게 말하라.

술과 오락등 중독성 있는 것을 멀리하여 항상 바른 생각을 하라.

유마가 이렇게 말했을 때 저는 그 때 아무 말도 할 수 없었습니다. 그러므로 제가 유마의 병 문안을 가는 것은 유마의 마음을 더욱 아프게 할 뿐입니다. 이것이 제가 유마에게 병 문안을 갈 수 없는 이유입니다."

(3-10) 부처님께서는 라후라에게 말씀하셨다.

"라후라여, 네가 유마의 병 문안을 갔다 오너라."

라후라가 부처님께 말씀드렸다.

"부처님이시여, 저는 유마의 병 문안을 갈 수가 없습니다. 어느 때에 비야리성의 젊은이들이 저에게 찾아와 위대한 성자의 아들로서 출가한 공덕에 대해서 물었습니다. 그때 제가 법대로 출가의 공덕을 말하였더니 유마가 다가와 이렇게 말했습니다.

"라후라여, 출가에는 그것도 없고 이것도 없으며 또 그 중간도 없습니다. 출가가 절대적 무위의 깨달음을 추구하는 것이라면 자기만의 깨달음을 위해 노력하는 것으로 끝나서는 아니 됩니다. 반드시 다른 사람에게 작용하여 그들의 구원을 위해 최선을 다 해야 합니다. 악에서 멀어지는 것도, 뛰어난 능력을 얻는 것도, 일체의 번뇌를 끊어 버리려는 것도, 모든 것은 그대로 타인의 마음을 지켜주려는 행위가 되어야 합니다.

출가하는 형식에 의해서 공덕이 있는 것이 아니라 출가한 행위를 함으로써 공덕이 주어지는 것입니다. 먹물 옷을 입고 절을 지킨다고 승려가 되는 것이 아니라 어떤 옷을 입었든지 간에 출가자로서 합당한 행위를 할 때 좋은 과보를 받는 것입니다. 이름으로 출가하는 것이 아니라 행위로 출가하는 것입니다. 〈위 없는 바른 깨달음〉을 이루겠다고 서원을 하고 그에 대한 행위가 따르는 것이 진정한 출가입니다.

유마가 이렇게 말했을 때 저는 그 때 아무 말도 할 수 없었습니다. 그러므로 제가 유마의 병 문안을 가는 것은 유마의 마음을 더욱 아프게 할 뿐입니다. 이것이 제가 유마의 병 문안을 갈 수 없는 이유입니다."

(3-11) 부처님께서는 아난에게 말씀하셨다.

"아난이여, 네가 유마의 병 문안을 갔다 오너라."

아난이 부처님께 말씀드렸다.

"부처님이시여, 저는 유마의 병 문안을 갈 수가 없습니다. 어느 때에 부처님께서 몸이 불편하시어 약간의 우유가 필요 했습니다. 제가 새벽에 발우를 들고 바라문의 집 앞에 서 있다가 유마를 만났습니다. 유마가 저를 보고 물었습니다.

"아난이여, 이른 새벽부터 왠 일입니까?"

"부처님께서 몸이 불편하시어 약간의 우유를 얻으려고 여기에서 기다리고 있습니다."

그러자 유마가 이렇게 말했습니다.

"아난이여, 무슨 말을 하고 있는 것입니까? 부처님의 몸은 금강과 같아 아무 것도 침범할 수가 없습니다. 부처님의 몸은 나쁜 것이 이미 끊어졌고 착한 것들만 모여 있으므로 병이 생길 이유가 없으며 괴로움을 당하지 않습니다. 그냥 돌아 가십시오. 부처님의 몸을 비방하지 마십시오.

비야리성의 백성들이나 다른 수행자들이나 보살들이 이

와 같은 추한 말을 듣는다면 부처님을 어떻게 생각하겠습니까? 성실하게 살아가는 일반 사람들도 병에 걸리지 않는데 하물며 지혜와 복덕으로 충만된 부처님의 몸으로 병을 앓겠습니까? 빨리 수행처로 돌아가십시오. 이른 새벽 부처님을 그림자처럼 따르는 당신이 다른 수행자들이나 바라문들의 눈에 띈다면 그들이 부처님을 어떻게 생각하겠습니까?

아난이여, 부처님의 몸은 애욕과 탐욕과 집착을 벗어난 법의 몸입니다. 부처님의 몸은 나고 죽음에 자유로우며 윤회의 원인이 되는 모든 번뇌가 소멸하였으며 세간 속에 머물러 계시지만 세간에 물들지 않으며, 육신을 가지고 있으면서도 죽음에 떨어지지 않는데 몸에 무슨 병이 있겠습니까?"

유마가 이렇게 말했을 때 저는 그 때 아무 말도 할 수 없었습니다.

그러면서 유마의 속삭이는 소리가 저의 고막을 찢는 것처럼 아프게 들렸습니다.

"아난이여, 부끄러워하지 말고 우유를 가지고 가시오. 중생이 아프기 때문에 부처도 중생에 따라 병이 날 뿐입니다."

그러므로 제가 유마의 병 문안을 가는 것은 유마의 마음을 더욱 아프게 할 뿐입니다. 이것이 제가 유마에게 병 문안을 갈 수 없는 이유입니다."

부처님의 제자들은 모두 과거에 유마와 있었던 일들을 말씀드리면서 유마의 병 문안을 갈 수 없다고 하였다.

4

진리를
추구하는 구도자

4. 진리를 추구하는 구도자

(4-1) 그러자 부처님께서는 멀리서 지켜보고 있는 보살들을 돌아보며 말했다.

"미륵보살이여, 그대가 유마를 찾아가 병 문안을 하고 오너라."

미륵이 부처님께 말씀드렸다.

"부처님이시여, 저도 유마에게 병 문안을 갈 수 없습니다. 제가 도솔천왕에게 어떻게 하면 진실한 법을 깨달아 부처를 이룰 것인가에 대해 설법하고 있을 때 유마가 다가와 이렇게 말했습니다.

미륵보살이여, 당신이 예연을 받았다는 일생은 과거, 현재, 미래 중 어느 것입니까? 만일 과거라 한다면 과거는 이미 사라진 시간이니까 과거의 일생이란 없는 것이며, 그러므로 성불한다는 예언을 들을 수도 없었을 것입니다. 또 미래라 한다면 미래는 아직 오지 않았으니까 미래에도 예언은 들을 수가 없으며, 그러므로 성불한다는 예언을 들을 수가 없었을 것입니다. 현재라 해도 부처님께서 〈네가 지금 동시에 나고 늙고 멸하고 있다.〉고 하셨듯이 현재는 한 순간도 멈추지 않기 때문에 현재라는 것도 없습니다. 그러므로 현재에도 예언을 받지 못했을 것입니다. 모든 사람과 모든 존재도 진실 자체인 것이며, 성현이나 미륵도 진실 자체이니까 미륵 당신이 성불한다는 예언을 받을 수 있었다고 하면 다른 모든 사람도 성불의 예언을 받은 것이 될 것입니다. 어리석은 자도 진실 자체이며 성자도 진실 자체입니다. 그러므로 어리석은 자와 성자는 본래 하나입니다. 그러기에 당신이 깨달음을 얻는다면 다른 모든 사람도 깨달음을 얻을 것이며, 당신이 열반을 얻는다면 다른 모든 사람 또한 열반을 얻게 될 것입니다.

결국 부처님이 수기를 준 것은 미륵의 이름을 빌어 모든 생명에게 깨달음의 수기를 준 것입니다. 미륵이라는 이름이 깨달음을 얻는 것이 아니라 미륵과 같이 절실하게 지극 정성으로 정진하는 자가 깨달음을 얻을 것입니다.

이러한 이유 때문에 제가 유마의 병 문안을 가는 것은 유마의 마음을 더욱 아프게 할 뿐입니다. 이것이 제가 유마에게 병 문안을 갈 수 없는 이유입니다."

(4-2) 그러자 이번에는 부처님께서 광명동자에게 말했다.

"광명이여, 그대가 유마의 병 문안을 다녀오는 것이 좋겠구나."

광명이 부처님께 말씀드렸다.

"부처님이시여, 저도 유마의 병 문안을 갈 수 없습니다. 제가 비야리성으로 들어가 걸식을 마치고 수행처로 돌아오는 길에 유마를 만난 적이 있습니다. 그 때 제가 유마에게 "거사님이시여, 당신은 어디로부터 오시는 것입니까?" 하고 물었습니다. 그 때 유마는 "광명이시여, 저는 도량(수행처)에서 오는 길입니다." 하였습니다. 제가 다시 "거사님이시여, 도량이란 어떤 곳을 말하는 것입니까?"하고 물었습니다. 그러자 유마는 말했습니다.

광명이시여, 청순한 마음이 도량입니다. 거짓이 없기 때문입니다. 마음을 일으켜 수행하는 일이 도량입니다. 공덕을 늘여 깨달음에 가깝게 하기 때문입니다. 깨달음을 구하는 마음이 도량입니다. 진리에 대한 확신으로 의심함이 없기 때문입니다. 베품이 도량입니다. 진정한 베품은 대가를 바라지 않기 때문입니다. 바르고 맑은 생활이 도량입니다. 바르고 맑은 생활은 모든 생명을 살리기 때문입니다. 능히 참기 어려운 것을 참는 것이 도량입니다. 진정한 참음은 모든 고난을 극복하여 열반에 들게 하기 때문입니다. 목적을 성취하기 위하여 부지런히 노력하는 것이 도량입니다. 끊임없이 노력은 마침내 맹세한 것을 성취하게 하기 때문입니다.

선정을 닦는 것이 도량입니다. 선정을 닦아 마음의 안정이 이루어지면 모든 분별심이 떨어져 나가기 때문입니다.

지혜가 도량입니다. 지혜는 모든 법을 분명하게 보고 실천함으로써 깨달음을 이루게 하기 때문입니다.

뽐내지 않는 마음이 도량입니다. 그러므로 모든 생명들을 평등하게 보게 됩니다.

자비로운 마음이 도량이입니다. 그러므로 괴로움과 피로함도 자비로운 마음으로 극복됩니다.

기뻐하는 마음이 도량입니다. 세상을 긍정적으로 봄으로써 어려움이 없게 됩니다.

집착하지 않는 마음이 도량입니다. 사랑하고 미워하는 마음을 초월하면 세상의 모든 일에 걸림이 없습니다.

신통의 성취도 도량입니다. 다섯 가지 신통을 성취하고 마지막 육신통인 누진통을 신통을 통하여 성취할 수 있기 때문입니다.

해탈도 도량입니다. 애욕과 번뇌에서 벗어나 자유자재하기 때문입니다.

방편을 쓰는 것도 도량입니다. 방편으로써 중생들을 교화하여 깨달음의 세계로 들어가게 하기 때문입니다.

경전을 보고 많이 아는 것이 도량입니다. 수행하여 철저하게 앎으로써 깨달음을 성취할 수 있기 때문입니다.

마음을 잘 다스리는 것이 도량입니다. 안정된 마음의 거울에는 진실한 법의 바다가 그대로 비치기 때문입니다.

37조도품과 사성제와 12인연법이 모두 도량입니다.

더욱 적극적으로 살펴보면 번뇌가 바로 도량입니다. 번뇌의 실상을 바로 보면 번뇌가 바로 지혜이기 때문입니다.

중생이 바로 도량입니다. 중생이 한마음만 잘 써면 바로 보살이기 때문입니다.

마군이가 바로 도량입니다. 마군이가 중심을 잡아 마음의 요동이 없으면 마군이가 바로 도인이기 때문입니다. 그러므로 일체 법이 도량이며, 이 우주가 도량입니다.

유마가 이렇게 말했을 때 저는 그 때 아무 말도 할 수 없었습니다. 그러므로 제가 유마의 병 문안을 가는 것은 유마의 마음을 더욱 아프게 할 뿐입니다. 이것이 제가 유마에게 병 문안을 갈 수 없는 이유입니다."

(4-3) 부처님께서 지세보살에게 말했다.

"지세보살이여, 그대가 유마를 찾아가 병 문안을 하고 오너라."

지세보살이 부처님께 말씀드렸다.

"부처님이시여, 저도 유마의 병 문안을 갈 수가 없습니다. 제가 어떤 집에서 수행하고 있을 때 마왕 파순이 제석천왕으로 변신하여 만 이천 명의 천녀(아릿다운 아가씨)들을 데리고 저의 앞에 나타났습니다. 저는 그가 제석천왕인 줄 알고 다음과 같이 말했습니다.

"어서 오시오, 제석천이여, 오욕락과 같은 것이 비록 복덕이 있다 하더라도 함부로 받아들이면 안되는 것입니다. 오욕락은 몸과 생명과 재물과 같아서 무상한 것인 줄 알아야 합니다. 선의 씨앗을 심어 영원히 죽지 않는 법의 나무를 키워야 합니다."

그러자 제석천으로 변신한 마왕이 저에게 말했습니다.

"보살이시여, 이 일만 이천 명의 천녀들을 당신의 시중을 드는 몸종으로 삼으십시오."

"제석천왕이여, 법답지 아니한 것으로 나를 유혹하지 마십시오. 그것은 나에게 어울리는 것이 아닙니다."

이 말이 끝나자마자 언제 다가왔는지 유마가 저의 곁에서 있었습니다. 그는 이렇게 말했습니다.

"저자는 제석이 아니라 마왕으로써 당신을 악의 구렁텅이로 꾀이는 것입니다."

그리고는 마왕에게 다음과 같이 말했습니다.

"이 천녀들을 나에게 달라. 나의 시중을 들게 하겠다."

이 말을 들은 마왕은 놀라서 두려워하며 도망을 갈려고 자기가 할 수 있는 모든 신통을 부렸지만 그 자리에서 꼼짝할 수가 없었습니다. 마왕은 어쩔수 없어 천녀들을 유마에게 주었습니다.

(4-4) 그 때 유마는 천녀들에게 이렇게 말했습니다.

"너희들의 주인인 마왕이 너희들을 나에게 주었으니 이

제부터 너희들은 자유의 몸이다. 진정한 자유를 누리기 위해서는 삶에 대한 분명한 목적이 있어야 한다. 〈위 없는 바른 깨달음을 이루겠다〉는 서원을 세워라.

너희들은 이미 깨달음을 이루겠다고 맹세하였으니 도에 맞는 행위를 하여 법락을 즐기고 다시는 육신에 얽매이는 오욕락을 즐기지 말라."

천녀 : "어떻게 하는 것이 법락을 즐기는 것입니까?"

유마 : "깨달음을 이루겠다는 확신을 갖는 것이 법락을 즐기는 것이며, 수행자에게 기쁜 마음으로 공양 올리는 것이 법락을 즐기는 것이며, 육신을 수행하는 도구로 생각하여 육신에 집착하지 않는 것이 법락을 즐기는 것이며, 육신을 나라고 집착함으로써 일어나는 모든 분별 의식이 진실한 것이 아님을 아는 것이 법락을 즐기는 것이며, 세속의 부귀영화가 진실한 삶의 지표가 아님을 아는 것이 법락을 즐기는 것이며, 눈을 통하여 보이는 아름답고 추함에, 귀를 통하여 들리는 칭찬하는 소리와 헐뜯는 소리에, 코를 통하여 느껴지는 향기로운 냄새와 역한 냄새에, 혀를 통하여 느껴지는 달콤한 맛과 쓴 맛에, 몸을 통하여 느껴지는 여러 가지 감각에 끄달리지 않는 것이 법락을 즐기는 것이다. 이렇게 법락을 즐기다 보면 자연히 도가 이루어지며, 모든 생명들을 이롭게 하는 행위를 하게 되며, 스승을 공경하게 되며, 무엇이든지 베풀어 주기를 좋아하여 베풂을

행하게 되며, 계율은 저절로 지켜지며, 어려움을 능히 참고 견디며, 믿고 따르는 마음으로 모임은 저절로 화합되며, 선한 마음의 씨앗들은 자연히 뿌려지고, 생활 속에서 선정은 이루어지며, 바른 마음은 저절로 자라나며, 잘못된 마음도 저절로 사라지며, 모든 번뇌가 끊어지며, 진실한 마음으로 불국토가 이루어지며, 원만한 모습도 저절로 이루어지며, 진지하게 수행하여 도량을 청정하게 하며, 진실한 말 듣기를 좋아하며, 결과에 대해서 조급하지 않으며, 벗들을 가까이 하여 벗들의 허물을 말하지 않으며, 나쁜 습관에 물들지 않도록 항상 조심하며, 진정한 수행자와 만나기를 즐기며, 항상 맑고 깨끗함 속에 머물면서 도를 이루겠다는 마음뿐인 것이 법락을 즐기는 것이다."

마왕 : "유마거사여, 자신의 몸까지도 남을 위하여 베풀어 주는 것이 보살입니다. 저를 위하여 이 천녀들을 저에게 돌려주시기 바랍니다."

유마 : "내가 이미 그들에게 자유를 주었으니 그들은 자유의 몸이다. 만약 그들이 너를 따르기를 원한다면 데려가도 좋다."

(4-5) 그 때에 천녀들이 유마에게 물었다.

"저희들이 마의 궁전에서 어떻게 행동하면 되겠습니까?"

유마 : "누이들이여, 무진등(無盡燈)이라는 말이 있다.

무진등이라는 것은 한 등불이 있어 다음 등불에 불 붙이고 또 다음 등불에 불 붙이고 하여 수 천만 등을 불 붙이어 우주를 맑히는 것을 말한다. 이와 같이 한 명의 보살이 있어 수 천만 중생을 교화하여 위 없는 바른 깨달음을 이루겠다는 마음을 내게 하여 부처님의 바른 법이 영원히 꺼지지 않고 전해지게 된다. 너희들이 비록 마의 궁전에 있다 하더라도 무진등과 같이 마의 나라에 있는 마인들을 한 사람씩 한 사람씩 교화하여 진실하게 살게 하고 깨달음을 성취하겠다는 서원을 세우게 하면 마의 나라가 바로 불국토가 되는 것이다.”

그러자 천녀들은 즐거운 마음으로 마왕을 따라 마의 궁전으로 돌아 갔습니다. 이것이 유마의 모습입니다. 그러므로 제가 유마를 찾아가 병 문안을 한다는 것은 유마의 마음을 더욱 아프게 할 뿐입니다. 이것에 제가 유마를 병 문안 갈 수 없는 이유입니다.”

5

문수보살의
질문

5. 문수보살의 질문

(5-1) 그 때에 부처님께서는 문수보살에게 말했다.

"문수여, 그대가 유마를 찾아가 병 문안을 하고 오너라."

문수가 부처님께 말씀드렸다.

"부처님이시여, 유마를 찾아가 병 문안을 한다는 것은 매우 어렵습니다. 그는 존재하는 있는 형상 있는 것들의 이치를 깊이 깨달아 법문을 잘하여 상대방을 감동시키며, 비유를 들어 설명함에 막힘이 없고 지혜가 걸림이 없으며, 보살이 이룩한 성취도에 막힘이 없고 지혜가 걸림이 없으며, 보살이 이룩한 성취도를 모두 터득하였고 부처님의 모든 미묘 법문을 알고 있으며, 잘못된 삶을 영위하고 있는 사람들을 바른 길로 인도하며, 신통이 부처님 못지 않습니다. 그러한 유마가 병이 들어 누워 있으니 부처님을 대신하여 제가 가서 위로하고 오겠습니다."

거기에 있던 모든 대중들은 문수를 따라 비야리성으로 들어가 유마의 집으로 향했다. 이 때 유마는 자리에 누워 문수가 여러 대중들과 함께 오는 것을 관하여 보고 신통력으로 자신이 누워 있는 방을 평상만 있는 빈 방으로 만들어 놓고 문수의 일행을 기다리고 있었다.

(5-2) 문수가 유마의 집에 도착하여 그가 누워 있는 방으로 들어가니 혼자 평상 위에 누워 있을 뿐 아무 것도 없

었다.

　유마 : "어서 오십시오. 문수여, 당신은 온다는 모습 없이 왔으며, 본다는 모습 없이 보고 있습니다."

　문수 : "그렇습니다. 유마여, 왔다 하여도 온 것이 아니며 갔다 하여도 간 것이 아닙니다. 왔다는 것은 쫓아서 온데가 없고 갔다해도 간 데가 없으며, 본다는 것도 실상을 보는 것이 아니라 현상을 보는 것이니 본다해도 본 것이 아닙니다.

　유마여, 병은 좀 어떻습니까? 부처님께서는 지극한 마음으로 당신의 병이 낫기를 기원하고 계십니다. 거사님의 병은 무슨 인연으로 생겼으며, 얼마나 오래 되었으며, 어떻게 하면 낫겠습니까?"

　유마 : "무명으로부터 애착이 생겨서 이 몸에 병이 난 것입니다. 일체 중생이 병이 들었으므로 나도 병이 들었으니, 만일 일체 중생의 병이 없어진다면 내 병도 없어질 것입니다. 왜냐하면 보살은 중생을 위하여 나고 죽음이 있는 현상세계에 머무르는 것이며, 나고 죽음이 있으면 병이 있는 것입니다. 만일 중생이 깨달음을 성취하여 부처가 되어 병을 여의면 보살의 병은 저절로 없어질 것입니다.

　비유하여 말하자면 어떤 사람이 외아들을 두었는데 그 아들이 병이 나면 부모도 병이 나고, 아들의 병이 나으면 부모의 병도 낫는 것처럼 보살의 병도 그와 같아서 중생

사랑하기를 아들과 같이 하므로 밝지 못한 중생이 병 들면 보살도 병이 들고, 중생이 병이 나으면 보살도 병이 낫는 것입니다.

이 몸에 병이 생긴 인연은 모든 생명들을 내 몸과 같이 생각하며 형상있는 것들이 시시각각으로 허루어져 가는 것을 불쌍히 여기는 대비심으로 생긴 것입니다."

(5-3) 문수 : "유마여, 당신의 방은 어찌하여 비어 있으며, 병든 몸인데 시중을 드는 시자도 없습니까?"

유마 : "본래 부처의 세계가 비어 있으므로 이 방도 비어 있습니다."

문수 : "어떤 상태를 비어 있다고 하는 것입니까?"

유마 : "존재 실상은 본래 공한 것이므로 비어 있다고 하는 것입니다."

문수 : "그러면 본래 공한 것을 어떻게 체험 할 수가 있습니까?"

유마 : "좋고 나쁘고, 옳고 그르고 하는 분별심을 떠나고 나면 본래 공한 세계를 체험할 수가 있습니다."

문수 : "그러면 당신이 말하는 공이라는 것은 분별 할 수 있습니까?"

유마 : "공이라는 것도 진리의 세계를 나타내는 하나의 표현 일 뿐이므로 분별이라는 것도 또한 공한 것입니다."

문수 : "그러면 공이라는 것은 어디에 존재하는 것입니

까?"

유마 : "진리의 눈으로 보면 번뇌가 곧 깨달음이며 죽음이 곧 삶이지만, 미혹의 눈으로 보면 깨달음도 번뇌이며 삶 또한 죽음일 뿐입니다. 그러므로 공의 세계는 이 우주의 어디든지 존재하고 있지만 드러나지 않을 뿐입니다."

문수 : "드러나지 않는 것을 어떻게 볼 수 있습니까?"

유마 : "해가 있어도 장님을 해를 볼 수 없는 것처럼 미혹한 마음으로는 보이지 않지만 부처의 마음이 되면 저절로 드러나게 됩니다."

문수 : "어떻게 하면 부처의 마음이 될 수 있습니까?"

유마 : "중생을 버리지 않고 철저하게 중생과 더불어 살 때 부처의 마음이 될 수 있습니다."

(5-4) 문수 : "그러면 당신은 왜 시자가 없습니까?"

유마 : "나는 지금도 많은 시자들을 거느리고 있습니다. 모든 마군이와 외도들이 나의 시자입니다. 왜냐하면 마군이는 생사를 좋아하지만 보살은 생사에 물들지 아니하며, 외도들은 모든 소견을 좋아하는데 보살은 모든 소견에 흔들리지 않기 때문입니다."

문수 : "거사님의 병은 어떤 모양입니까?"

유마 : "내 병은 형상이 없어 볼 수가 없습니다."

문수 : "몸으로 생겨난 병 입니까? 마음으로 생겨난 병 입니까?"

유마 : "몸은 본래 공한 것이므로 몸으로 생겨난 병은 아니며, 마음은 본래 요술장이 같아 끊임없이 변하는 것이므로 마음으로 생겨난 병도 아닙니다."

문수 : "그러면 지대, 수대, 화대, 풍대 중 어디에서 생긴 병입니까?"

유마 : "이 병은 지대의 병도 아니며 그렇다고 지대를 여읜 것도 아닙니다. 수대, 화대, 풍대 또한 이와 같습니다. 그러나 중생의 병은 4대를 쫓아 일어나며, 지금 중생이 병이 들어있기 때문에 나도 병이 들었을 뿐입니다."

(5-5) 문수 : "유마여, 그러면 병이 난 보살에게는 어떻게 위문하여야 합니까?"

유마 : "몸이 무상하다고 말할지언정 몸을 여의라고 말하지 말 것이며, 몸이 괴로운 것이라고 말할지라도 이 몸을 떠나 궁극적인 자유와 평안의 세계인 열반이 없음을 말할 것이며, 몸이 공하다고 말할지언정 필경에는 그 공 속에서 모든 것이 생겨나는 묘유의 진리를 말할 것이며, 이제까지 지은 죄를 참회하라고 말하면서도 과거에 얽매이지 않아 현재를 놓치지 않도록 할 것이며, 자신의 병을 보고 남의 병을 불쌍히 여겨야 하며, 과거 지나간 세상에서 한량없이 고통 받던 것을 알아 일체 중생을 이익 되게 할 것이며, 어떤 잘못된 일을 근심만 하지 말고 적극적으로 생각하고 행동하여 잘못된 것을 극복하여 바르게 할 것이

며, 유명한 의사가 되어 중생의 병을 상황에 맞게 적절하게 치료할 것이며, 보살은 이와 같은 마음을 내고 행동하여 병든 보살을 기쁘게 하면 저절로 위문이 됩니다."

(5-6) 문수 : "거사님, 그러면 병이 있는 보살이 어떻게 그 마음을 다스려야 하겠습니까?"

유마 : "원래 모든 병은 집착으로부터 생기는 것이기 때문에 병이 있는 보살은 다음과 같은 사실을 알게 됩니다. 병이란 억겁의 세월을 윤회하면서 욕심내는 마음과 성내는 마음과 어리석은 마음을 일으켜 진실하지 않은 것에 집착함으로써 생긴 것이기 때문에 원래 내것이라고는 아무것도 없음을 철저하게 깨달음으로 욕심내는 마음으로부터 벗어나고, 나와 대상이 하나임을 철저하게 깨달음으로 성내는 마음으로부터 벗어나며, 나와 대상의 상의성을 철저하게 깨달아 어리석은 마음으로부터 벗어남으로써 병을 다스릴 수가 있습니다."

(5-7) 병의 근본이 무엇인지 알고 있다면 어떠한 병이라도 치유 할 수 있는 것입니다.

병을 병으로 생각하고 치유할려고 하면 근복적으로 치유 될 수 없습니다. 거룩한 생각으로 꽉 차 있는 사람에게는 나쁘고 사악한 생각이 비집고 들어올 수 없는 것처럼 바른 법을 생각함으로써 중생이라는 생각이 저절로 사라지며 중생이라는 생각이 없으면 병은 저절로 없어지게 되는 것입니다.

또 법이라는 생각에 집착하다 보면 법에 빠지게 됩니다. 취하고 버림이 있는 간택심만 없으면 법에 대한 집착으로부터 벗어날 수 있습니다. 평등하다는 것은 법과 법 아닌 것의 구별이 없는 것을 뜻합니다. 지극한 한마음으로 대하면 법 아닌 것이 없기 때문에 간택심만 버리면 모든 것이 법인 것입니다.

이러한 평등한 마음을 얻게 되면 차별이 없어지게 되므로 병이 더 이상 병으로 존재할 수 없습니다. 결국 병과 보살이 둘이 아니므로 병은 저절로 없어지게 됩니다. 설사 몸에 괴로움이 있더라도 성내는 마음이 가득하여 지옥의 고통을 받고 있는 중생을 생각하거나, 어리석은 마음이 가득하여 축생의 고통을 받고 있는 중생을 생각한다면 몸에 있는 괴로움은 저절로 없어질 것입니다.

(5-8) 나와 남의 구별로부터 떠나야 보살이 되듯이 진정한 보살은 안과 밖의 구별이 없습니다. 내 안이 산란하면 아무리 조용한 세상이라도 시끄럽게 보이는 것이며, 세상이 아무리 떠들썩 하여도 마음이 적정하여 삼매에 들어 있으면 떠들썩한 것은 떠들썩한 그대로 적정의 세계가 되는 것입니다. 잘못되고 미혹된 생각에서 벗어나면 이 세상은 그대로 우주 삼매에 들어 있음을 깨닫게 됩니다.

문수여, 이렇게 되면 보살의 병은 저절로 나을 수 밖에 없습니다. 결국 보살이 해야 할 일은 늙고 병들고 죽는 괴로움으로부터 벗어나는 것이니, 생사의 도리를 분명하게 밝히지 못하면 아무리 수행한다고 앉아 있어도 땀을 흘려가며 땅을 파는 농부보다 못한 것이며, 번뇌를 다스린다고 수행자로 남아 있어도 거룩한 수행자에게 정성껏 공양 올리는 보시자보다 못한 것입니다. 늙고 병들고 죽음을 한꺼번에 끊을 수 있는 지혜의 칼을 가지고 있어야 보살이라 할 것입니다.

(5-9) 보살은 보살의 병이 방편으로 생긴 것처럼 중생의 병도 병이 아님을 알아야 합니다. 만약 어떤 사람이 중생들의 병을 꼭 낫게 하겠다는 큰 자비심을 일으켰다 하더라도 결과에 집착하는 마음이 조금이라도 남아 있으면 보살이 아닙니다. 왜냐하면 보살은 자비심으로 중생을 보살피지만 결과에 집착하는 마음이 없이 마음을 일으키기 때문입니다. 자비심으로 행하되 결과에 집착하는 마음이 없으면 고달프고 힘든 일을 하면서도 마음이 즐거워 얽매임의 원인을 만들지 않습니다. 스스로 얽매임이 없어야 다른 사람의 얽매임을 풀어줄 수 있습니다. 집착함이 없이 마음을 일으키기 때문입니다.

또 방편이 없는 지혜는 얽매임이요, 방편이 있는 지혜는 얽매임에서 벗어나게 하며, 지혜가 없는 방편은 얽매임이요, 지혜가 있는 방편은 얽매임에서 벗어나게 합니다.

(5-10) 예를 들어 설명하면 다음과 같습니다.

법의 공한 실체를 모르고 집착하는 마음으로 중생들을 교화하여 극락세계를 이루게한다고 하는 것은 방편이 없는 지혜로 얽매임이 되는 것이며, 법의 공한 실체를 체득하여 집착하는 마음이 없이 지극한 마음으로 자신의 길을 걸어가면 중생들은 교화되어 저절로 극락세계가 이루어지는 방편이 있는 지혜는 얽매임에서 벗어남이 되며, 어떤 사람이 욕심 내는 마음과 성 내는 마음과 어리석은 마음으로 번뇌에 머물면서 공덕의 씨앗을 뿌린다면 지혜가 없는 방편으로 이것도 또한 얽매임이 되는 것이며, 만약 어떤 사람이 욕심을 내지 않고 성을 내지 않는 밝은 마음으로, 번뇌를 떠난 지극한 마음으로 공덕의 씨앗을 뿌린다면 위없는 바른 깨달음을 성취하게 될 것이며 이것은 지혜가 있는 방편으로써 얽매임에서 벗어나게 되는 것입니다.

문수여, 이 몸이 무상하고 괴롭고 공하며 나라고 할 것이 없음을 관하는 것이 지혜이며, 몸은 비록 병이 났으나 삶과 죽음속에 있으면서도 삶과 죽음에 얽매이지 않고 모든 중생들을 이익 되게 하면서 항상 부지런한 것은 방편이며, 몸과 병이 둘이 아닌 줄 알아 몸과 병을 함께 잘 다스리는 것은 지혜이며, 비록 이 몸에 병이 있지만 중생들을 위하여 영원히 열반에 들지 않는 것은 방편이니 병이 있는 보살은 이렇게 마음을 다스려야 하는 것입니다.

마음을 다스리지 않는 곳에도 머물지 말며, 마음을 다스리는 곳에도 머물지 않아야 합니다. 왜냐하면 마음을 다스리지 않는 자는 어리석은 자이며, 마음을 다스릴 줄만 아는 자는 자신 밖에 모르는 수행자이기 때문입니다. 그러므로 이 두가지 법을 떠나 있는 것이 보살행입니다.

(5-11) 생사 속에 있으면서도 나쁜 행위를 하지 않고, 열반에 머물면서도 열반만을 고집하지 않는 것이 보살행이며, 평범한 삶과 성인의 위대한 삶에 얽매이지 않는 것이 보살행이며, 더러운 행위나 깨끗한 행위에 집착하지 않는 것이 보살행이며, 마군이와 어울려 마군이와 같이 행동을 하면서도 마군이의 마음을 감동시켜 스스로 선으로 돌아오게 하는 것이 보살행이며, 일체의 지혜를 구하면서도 지혜에 얽매이지 않는 것이 보살행이며, 법의 존재 실상을 여실히 알면서도 바른 법만을 고집하지 않는 것이 보살행이며, 12인연을 관하여 존재의 상의성을 여실히 알면서도 바른 생각만을 고집하지 않는 것이 보살행이며, 모든 중생들을 사랑하면서도 애착하지 않는 것이 보살행이며, 세속과 멀리 떨어지기를 좋아하면서도 세속에 머무는 것이 보살행이며, 육도를 윤회하면서도 육도에 물들지 않는 것이 보살행입니다.

(5-12) 공한 것을 행하면서도 공덕의 씨앗을 심는 것이 보살행이며, 모양 없는 것을 행하면서도 중생을 제도하는

것이 보살행이며, 집착하지 않고 행하면서도 몸을 받는 것
이 보살행이며, 일어남이 없는 것을 행하면서도 일체의 착
한 행을 일으키는 것이 보살행이며, 육바라밀을 행하면서
도 중생의 마음과 마음의 작용들을 모두 아는 것이 보살행
이며, 육신통을 행하면서도 신통의 위력에 집착하여 번뇌
를 일으키지 않는 것이 보살행이며, 사무량심을 행하면서
도 하늘 나라에 나는 것을 탐내지 않는 것이 보살행이며,
선정에 들어 삼매 속에 있으면서도 범부들과 같이 행동하
는 것이 보살행이며, 사념처를 행하면서도 몸과 느낌과 마
음과 법을 떠나지 않고 그 속에 함께 있는 것이 보살행이
며, 사정근을 행하면서도 몸과 마음으로 정진함을 버리지
않는 것이 보살행이며, 사여의족을 행하면서도 자재한 신
통을 얻는 것이 보살행이며, 오근을 행하면서도 중생들의
영리함과 우둔함을 분별하는 것이 보살행이며, 5력을 행
하면서도 부처님의 십력을 구하는 것이 보살행이며, 7각
지를 행하면서도 부처님의 지혜를 분별하는 것이 보살행
이며, 팔정도를 행하면서도 한량없는 부처님의 도를 좋아
하는 것이 보살행이며, 지와 관으로 도를 돕는 법을 행하
면서도 끝끝내 적멸한데 떨어지지 않는 것이 보살행이며,
형상에 집착하지 않으면서도 삼십이상과 팔십종호로 몸을
장엄하는 것이 보살행이며, 깨끗함을 떠나지 않으면서도
형편에 따라 몸을 나타내는 것이 보살행이며, 부처님 나라

의 고요함이 허공과 같음을 알아 청정한 세계를 나타내는 것이 보살행이며, 깨달음을 성취하여 부처를 이루었으면서도 끝내 보살행을 버리지 않는 것이 보살의 행입니다.”

유마가 이렇게 법문했을 때 문수가 데리고 온 모든 대중들은 위 없는 바른 깨달음을 이루겠다는 마음을 발하였다.

불가사의한
세계

6. 불가사의한 세계

(6-1) 이렇게 거룩한 순간에 사리불은 방안에 앉을 자리가 없음을 보고 마음 속으로 생각하기를 여기 있는 여러 보살과 많은 제자들이 어디에 앉을 것인가 하고 걱정하였다. 그러자 유마는 조용히 미소를 띠우며 사리불에게 물었다.

"사리불이여, 그대는 법을 위하여 왔습니까? 그렇지 않으면 편안하기 위하여 왔습니까?"

사리불이 얼굴을 붉히며 대답했다.

"유마여, 나는 법을 위하는 지극한 마음으로 이곳에 왔습니다."

유마의 입에서 나오는 가장 평범한 진리가 사리불을 위시한 모든 부처님의 제자들의 가슴에 비수처럼 파고 들었다.

"사리불이여, 법을 구하는 수행자는 몸과 목숨도 아끼지 않아야 하며, 오로지 도를 이루겠다는 한 생각뿐이어야 합니다.

사리불이여, 형상에 대한 집착(色)과 근과 경의 부딪침으로 말미암아 일어나는 느낌(受)과 느낌으로 인하여 일어나는 생각(想)과 이러한 관계에 의하여 이루어지는 행위(行)와 이러한 것을 종합하여 분별하는 식(識)으로는 천 년을 수행한다 하더라도 법을 볼 수가 없습니다. 법은 나와 대상이 부딪치는 경계에 있는 것도 아니며, 12인연법에 있는 것도 아니며, 이 우주를 철저하게 안다 하더라도 법을 보는 것과는 거리가 먼 것입니다.

사리불이여, 도를 구하는 자는 부처에게도 집착하지 않아야 하며, 법에도 집착하지 않아야 하며, 나는 수행자다라는 생각에도 집착하지 않아야 합니다. 또한 이 세상의 모든 것은 끊임없이 변하는 무상한 것이라 괴로움 뿐이다 하는 극단적인 생각에서도 벗어나야 하며, 번뇌를 끊는 것이 아니라 번뇌 속에 도가 있음을 보아야 하며, 즐거움이 가득한 열반의 세계에 들고자 도를 구해서도 안되는 것입니다.

왜냐하면 법이라는 것도, 번뇌라는 것도, 열반이라는 것도 마음에서 일어나는 마음의 작용이기 때문입니다.

(6-2) 사리불이여, 마음이 고요하고 멸하면 그대로가 법입니다. 하나 되지 못한 산란한 마음으로 아무리 참선을 하여 생사해탈을 구해도 법을 볼 수가 없습니다. 마음이 평등하여 애착이 없으면 그대로가 법입니다. 삶과 죽음에 대하여 평등하지 못한 마음으로 열반에 들어가겠다고 애착한다면 평생을 수행해도 법을 볼 수가 없습니다. 마음이 안정되어 오고 감이 없으면 그대로가 법입니다. 티끌 만큼이라도 경계에 끄달림이 있으면 아무리 노력하여도 법

을 볼 수가 없습니다. 마음이 하나 되어 취하고 버림이 없으면 그대로 법입니다. 좋고 나쁨에 물들어진 집착하는 마음이 조금이라도 남아 있으면 아무리 청정하게 수행을 한다하더라도 법을 볼 수가 없습니다. 법에는 장소가 없는데 구태여 사찰을 고집해서 무엇하겠습니까? 형상이 있는 모든 것은 끊임없이 변한다는 진리 앞에 젊고 예쁘고, 늙고 추하다는 분별심이 왜 생기겠습니까? 만일 마음이 고요하여 법에 머물러 있다고 생각한다면 모든 생명현상은 단지 존재하고 있을 뿐이라는 존재 본질을 보지 못함입니다.

법을 보고 듣고 깨닫고자 한다면 인식에 대한 앎이 생기는 것이지 존재본질에 대한 인식은 아닌 것입니다. 법은 그냥 있을 뿐입니다."

(6-3) 유마의 이러한 말을 듣고 부처님의 많은 제자들은 마음 속에서 솟구치는 희열을 주체 할 수가 없었다.

이러한 상황을 둘러본 유마는 문수보살에게 조용히 물었다.

"당신께서는 한량없는 많은 세계를 다니셨습니다. 어느 세계에 가장 묘하고 훌륭한 공덕으로 이루어진 사자좌가 있었습니까?"

문수보살이 유마의 의도를 알아차리고 다음과 같이 대답했다.

"지금 우리가 있는 이 곳으로부터 동쪽으로 삼십육 항하사 세계를 지나가면 수미상이라는 세계가 있고 그 세계에 수미등이라는 부처님이 계시는데 키가 엄청나게 커 팔만 사천 육순이나 되며 높이가 팔만 사천 유순이나 되는 사자 좌에 앉아 있습니다. 이 사자좌가 제가 본 것 중에는 가장 묘하고 훌륭한 공덕으로 만들어진 것이었습니다."

이 때 유마는 신통을 부려 자신이 누워 있는 조그마한 방에 수미등 부처님의 사자좌와 같은 의자를 삼만 이천개를 가져다 놓았다. 신기하게도 그 좁은 방은 의자가 없었던 때와 마찬가지로 사자좌가 있어도 보기 좋았다.

유마가 문수보살에게 의자에 앉을 것을 권했다.

"문수보살이여, 당신과 함께 병 문안 온 여러 보살들께서 피곤하실 것입니다. 이 사자좌에 나아가 편안히 앉도록 하십시오."

신통을 얻은 보살들은 쉽게 사자좌에 앉았으나, 수행의 연륜이 얕아 신통을 얻지 못한 보살들은 의자에 앉을 수가 없었다. 이 때 유마는 사리불에게 눈짓하며 의자에 앉으라고 말했다. 그러자 사리불은 의자가 너무 높아 앉을 수 없다고 퉁명스럽게 대답했다.

유마가 웃으면서 말했다.

"사리불이여, 신통이라는 것은 아무것도 아닙니다. 이 의자의 주인인 수미등 부처님께 혼신의 힘을 다하여 예배 드리면 이 의자에 앉을 수가 있을 것입니다."

유마가 시키는대로 오로지 한마음으로 예배하자마자 그 큰 사자좌가 보통의 의자처럼 보여 그냥 앉았더니 어느새 자신이 그 높은 사자좌에 앉아 있었다. 너무 신기하여 사리불은 유마에게 말했다.

"유마여, 신기한 일입니다. 이렇게 좁은 방에 이렇게 높고 큰 의자들이 꽉 찼는데도 방이 비좁지 않으며, 비야리성의 모습도 달라진 것이 없습니다."

(6-4) 부처님께서 말씀하신 진실들이 유마의 입을 통하여 흘러 나왔다.

"사리불이여, 지극하게 수행하여 생각할 수 없는 높은 마음경지에 도달한 사람들은 마음을 꿰뚫어 자신과 우주가 하나가 되어 있습니다. 이러한 수행자는 지구를 티끌 하나에도 넣을 수 있으며, 티끌 하나를 지구만큼 크게도 할 수 있습니다. 이렇게 하더라도 지금 제가 보인 신통처럼 본래 모습은 그대로 있는 것입니다.

큰 바다를 머리카락에 옮겨 놓더라도 바닷물 속에서 놀고 있는 거북, 자라, 모든 고기들은 조금도 의식하지 못하고 자유롭게 돌아 다니며, 바다 깊숙이 있는 용이나 귀신들도 자신의 몸이 줄어드는 것을 의식하지 못하며, 원래 바다의 성품도 변하지 않고 그대로 있습니다.

사리불이여, 시간적으로도 신통 현상이 일어납니다. 하루를 천 년이 되게도 하며, 천 년을 하루 되게도 합니다.

그러나 우주의 질서는 변하지 않고 그대로 입니다.

이 우주를 구슬만한 크기에 담아 보여주기도 하며, 이 우주에 있는 모든 생명들을 손바닥에 올려 놓고 그 마음들을 모두 헤아릴 수가 있습니다. 손바닥을 관하여 고통이 있는 곳으로 달려간다 하더라도 손바닥 안에 있는 우주도 달려간 곳도 변하지 않고 그대로 있습니다.

그리고 하나의 몸을 천 개의 몸으로 나타내기도 하며, 천개의 몸을 하나의 몸으로 나타내기도 합니다. 수행자에게는 수행자의 몸으로, 술꾼에게는 술꾼의 몸으로, 거지에게는 거지의 몸으로, 창녀에게는 창녀의 몸으로 나타나 바른 삶으로 인도합니다. 어떤 때는 바람 소리로, 어떤 때는 새 소리로, 어떤 때는 물 소리가 되어 생명 있는 모든 것에게 좋은 길 잡이가 되기도 합니다.”

(6-5) 이 때 가섭은 생각할 수 없는 깊은 이 마음 법문을 듣고 찬탄하면서 사리불에게 말했다.

“비가 오고 난 뒤 아름다운 무지개가 산마루에 걸려 있어도 눈 먼 사람이 볼 수 없듯이, 생각할 수도 없이 깊은 마음 법문을 듣고도 마음이 열리지 않는 사람들이 있으니 한탄스럽구나. 이제 이 법문을 듣고 어느 누가 〈위 없는 바른 깨달음을 이루겠다는 마음〉을 내지 않겠는가! 이러한 마음을 낸 자는 어떠한 고난이 있더라도 극복하고 기어코 도를 이룰 것이다.”

가섭의 이 말을 듣고 거기 모인 모든 보살들이 〈위 없는 바른 깨달음을 성취하겠다는 마음〉을 내니 세상이 더욱 밝게 빛났다.

그 때 유마가 가섭에게 말했다.

"거룩합니다. 가섭이여, 이러한 큰 마음을 낸 사람들은 선과 악을 가리지 않으며, 귀함과 천함을 가리지 않으며, 진실과 거짓을 가리지 않습니다. 어떤 때는 마왕의 몸을 나타내어 어리석은 마음을 다스리기도 하며, 뜻이 견고하지 못한 자에게는 시련을 주어 뜻을 견고하게 하기도 하며, 어떤 때는 재물과 권력의 무상함을 보여 진리로 돌아오게도 합니다. 이와 같이 삶에 확신을 갖고 있는 사람은 방편을 적절하게 사용하여 쓴 약의 달콤한 껍질이 되게 합니다."

7

중생들의
마음을 살펴보고

7. 중생들의 마음을 살펴보고

(7-1) 그 때에 문수보살이 유마에게 물었다.
"보살은 어떻게 중생을 보아야 합니까?"

유마 : "마치 요술쟁이가 요술로 만든 사람을 보듯이 그렇게 보아야 합니다. 지혜로운 사람이 물 속의 달을 보듯이 보아야 하며, 거울 속에 비치는 자신을 보듯이 보아야 하며, 아지랑이 보듯 그렇게 보아야 하며, 소리를 지를 때 나는 메아리 같이 여겨야 하며, 하늘에서 피었다 없어지는 구름같이 여겨야 하며, 파도에 부서지는 거품 같이 보아야 하며, 번개가 머무는 순간처럼 이 목숨이 찰나임을 보아야 하며, 있는 것 같으면서도 공한 진실을 바로 보아야 합니다.

무색 속에서 빛깔을 보는 것 같이 하며, 볶은 곡식이 싹트는 것 같이 하며, 〈영원한 평안에의 흐름을 탄 사람(수다원)〉이 몸을 생각하는 것 같이 하며, 〈이제는 다시 태어나 오지 않는 자(아나함)〉가 태중에 들어 있는 것 같이 생각하며, 〈집착에서 벗어난 존경 받을 만한 사람(아라한)〉이 욕심과 화냄과 어리석음에 물들어 있는 것 같이 생각하며, 결정코 부처를 이룰 보살이 파계하는 것 같이 생각하며, 허공의 새 발자국 같이 생각하며, 열반에 든 자가 몸

받는 것 같이 보살은 중생을 이렇게 보아야 합니다."

(7-2) 문수 : "보살이 중생을 이렇게 관할 때 어떻게 사랑을 실천해야 합니까?"

유마 : "아무도 모르게 밤에 피는 달맞이 꽃처럼 조용히 감동을 주는 것이 진실한 사랑입니다. 진정한 사랑은 태어나고 죽는 것이 아니기 때문에 결과에 대한 아무런 댓가도 생각하지 않고 따뜻한 마음이 담긴 사랑 자체를 행합니다. 진정한 사랑은 분별을 떠나 번뇌가 없기 때문에 대상을 골라 자기 마음에 드는 대상에게만 사랑을 베풀지 않으며 모든 대상에게 평등하게 사랑을 행합니다. 진정한 사랑은 마음이 고요하여 경계에 대하여 혼란스럽지 않기 때문에 다툼이 없는 사랑을 행합니다. 진정한 사랑은 나와 남의 구별이 없기 때문에 오직 하나 된 사랑을 행합니다. 진정한 사랑은 소유욕에서 자유롭기 때문에 영원한 사랑을 행합니다. 진정한 사랑은 육신을 초월하여 마음으로 하기 때문에 어떠한 극한 상황에서도 깨어지지 않습니다. 진정한 사랑은 집착에서 자유롭기 때문에 어떠한 대상에서도 청정함을 잃지 않습니다. 진정한 사랑은 허공과 같기 때문에 흔적을 남기지 않습니다. 진정한 사랑은 보살의 마음이기 때문에 모든 생명들을 편안하게 합니다. 진정한 사랑은 부처의 마음이기 때문에 모든 생명들을 깨달음에 들도록 합니다. 진정한 사랑은 가식이 없이 있는 그대로를 보여주

며, 취하고 버림이 없는 있는 그대로를 인정하며, 좋고 나쁨이 없는 있는 그대로를 받아들입니다.

(7-3) 진정한 사랑은 눈의 도적을 물리쳐 모든 빛의 경계를 떠나 마음에 인색함이 일어나지 않아서 형상에 집착하지 않기 때문에 진실한 베품을 행하게 됩니다. 진정한 사랑은 귀의 도적을 물리쳐 소리의 경계에 끄달리지 않으며 스스로 구속 속에 있으나 구속에서 자유롭기 때문에 진실한 계율을 행하게 됩니다. 진정한 사랑은 코의 도적을 물리쳐 향기로운 냄새와 악취가 나는 나쁜 냄새에 균등하게 길들여지기 때문에 진정으로 참고 견딤을 행하게 됩니다. 진정한 사랑은 혀의 도적을 물리쳐 삿된 맛을 탐내지 않으며, 바른 법 말하기를 좋아하기 때문에 진실한 정진을 행하게 됩니다. 진정한 사랑은 몸의 도적을 물리쳐 모든 애욕에 초연하여 요동하지 않고 물들지 않기 때문에 애욕 속에 있으면서도 진실한 선정을 행하게 됩니다. 진정한 사랑은 뜻의 도적을 물리쳐 어리석고 미혹에 물들지 않고 항상 생각이 깨어 있어 행하는 모든 행위가 법에 맞기 때문에 상대방의 마음을 거스르지 않고 진실한 지혜를 행하게 됩니다.

이와 같이 보살의 사랑은 끝이 없습니다."

(7-4) 문수 : "측은하게 여기는 마음(悲)은 어떤 것입니까?"

유마 : "중생들을 생각하는 마음이 간절하여 자신의 일을 걱정하듯이 중생의 일을 걱정하는 것이 곧 비(悲)라고 합니다."

문수 : "어떤 것이 버리는 마음(捨)입니까?"

유마 : "목적한 것을 성취하기 위하여 열심히 노력하면서 노력한 것에 대한 댓가를 생각하지 않는 것을 사(捨)라고 합니다."

(7-5) 문수보살은 또 물었다.

"나고 죽는 것이 두려운 일인데 보살은 무엇에 의지합니까?"

유마 : "보살이 나고 죽는 두려움 속에 있을 때는 여래의 공덕에 의지합니다."

문수 : "보살이 여래의 공덕에 의지한다면 어떻게 마음을 내야 합니까?"

유마 : "모든 것에 대한 집착하는 마음을 철저히 끊어야 합니다. 특히 자신에 대한 집착을 경계해야 합니다."

문수 : "집착하는 마음을 끊으려면 어떻게 해야 합니까?"

유마 : "바른 생각 속에 자신을 머물게 하므로써 집착으로부터 자유로워집니다."

문수 : "어떻게 하는 것이 바른 생각을 하는 것입니까?"

유마 : "이것은 무엇인가? 왜 사느냐? 와 같은 생명본질

의 문제를 생각하는 것이 바르게 생각하는 것입니다."

문수 : "그러한 생각들의 뿌리는 무엇입니까?"

유마 : "그러한 생각들의 근본은 몸입니다."

문수 : "몸에는 무엇이 근본 입니까?"

유마 : "탐욕이 근본입니다."

문수 : "탐욕에는 무엇이 근본 입니까?"

유마 : "허망한 분별심이 근본입니다."

문수 : "분별심에는 무엇이 근본입니까?"

유마 : "없는 것을 있는 것처럼 착각하는 거꾸로 된 망상
이 근본입니다."

문수 : "거꾸로 된 망상은 무엇을 근본으로 합니까?"

유마 : "머무는 바 없는 것이 근본이 됩니다."

문수 : "머무는 바 없는 것은 무엇을 근본으로 합니까?"

유마 : "문수여, 머무는 바 없는 것은 근본이 없습니다.
그래서 머무는 바 없는 것을 근본으로 하여 온갖 법이 나
왔습니다."

(7-6) 그때 유마의 방에서 대중들고 함께 법문을 듣고 있
던 하늘 아가씨가 기쁨에 넘쳐 여러 보살 앞으로 나아가서
하늘 꽃을 뿌렸다. 수행이 깊어 마음이 고요한 보살들에게
는 꽃이 붙지 않았지만 그렇지 못한 부처님의 제자들의 옷
에 붙은 꽃들은 땅에 떨어지지 않았다. 여러 제자들이 신통
력으로 꽃을 떨어뜨리려 하였으나 떨어지지 않았다.

이 때 하늘 아가씨가 사리불에게 물었다.

"어찌하여 꽃을 떨어버리려 하십니까?"

사리불 : "꽃은 법답지 않아 청빈한 수행자에게 어울리지 않기 때문에 떨어버리려 합니다."

하늘아가씨 : "꽃을 법답지 않다고 말씀하시지 마십시오. 꽃은 분별이 없건만 스님께서 분별하는 마음을 내는 것입니다. 도를 이루기 위하여 출가한 수행자가 분별을 내는 것은 법답지 못한 것이며, 분별하는 마음이 없으면 그대로 법입니다. 꽃이 붙지 않은 저 보살들은 분별심이 없기 때문입니다. 사람들이 두려워하면 귀신들이 기회를 보아 장난하는 것처럼, 수행자가 생사를 두려워하면 형상, 소리, 냄새, 맛, 감촉, 생각들에 끄달리어 그들의 노예가 되는 것입니다. 생사의 두려움을 뛰어넘은 수행자에게는 세속적인 부와 권력과 명예는 아무 것도 아닙니다. 지금 옷에 그 꽃이 붙어 있는 수행자들은 세속적인 욕망이 눈꼽만큼이라도 남아 있는 자들입니다."

사리불 : "아가씨가 이 집에 있은 지는 얼마나 됩니까?"

하늘아가씨 : "제가 이 집에 있은 지는 처음 우주가 만들어 질 때부터 있었습니다."

사리불 : "어떻게 그토록 오래 될 수가 있습니까?"

하늘아가씨 : "스님의 해탈은 얼마나 오래 되었습니까?"

아무 말도 못하고 서 있는 사리불의 얼굴은 꽃에 반사되어 더욱 붉게 보였다.

(7-7) 하늘아가씨 : "스님, 왜 아무 말씀이 없으십니까?"

사리불 : "해탈이란 말로 설명 할 수 없는 것이므로 대답할 바를 모르겠습니다."

하늘아가씨 : "말이나 글도 모두 해탈입니다. 사리불님, 말과 글을 떠나서 해탈을 말하려고 하지 마십시오. 모든 것이 있는 그대로 해탈이기 때문입니다."

사리불 : "아가씨, 나는 음욕과 성냄과 어리석음을 여의는 것을 해탈이라고 생각하고 있습니다."

하늘아가씨 : "부처님께서는 거만하여 자신밖에 모르는 사람을 위하여 음욕과 성내는 것과 어리석음을 여의면 해탈이라고 말씀하셨습니다. 그렇지만 음욕과 성내는 것과 어리석은 성품 자체는 번뇌도 아니고 해탈도 아니고 아무 것도 아닙니다. 음욕이 거만한 사람을 만나면 번뇌가 되고 진지한 수행자를 만나면 수행하는 데 좋은 귀감이 되어 해탈이 됩니다."

사리불 : "좋다, 좋다. 아가씨여, 그대는 무엇을 얻었기에 말재주가 그렇게 뛰어납니까?"

하늘아가씨 : "저는 아무 것도 얻은 것이 없습니다. 만약 얻은 것이 있다면 자신에게 빠져 진정한 법은 볼 수가 없

습니다."

(7-8) 사리불 : "그대는 수행하는 목적이 무엇입니까?"

하늘아가씨 : "성문법으로 중생을 교화할 때는 성문이 되고, 인연법으로 중생을 교화할 때는 벽지불이 되며, 대비법으로 중생을 교화할 때는 보살이 됩니다. 그러나 복사 꽃 숲에 들어가면 복사 꽃 향기만 맡고 다른 향기는 맡지 못하는 것처럼 부처님의 마음에 들어오면 부처님 외에 다른 것은 아무 것도 없습니다.

사리불님, 제석천왕이나 범천왕이나 사천왕이나 하늘나라 사람이나 용이나 귀신들도 이 집에 들어와서는 부처님의 향기를 맡고 부처가 되고자 원을 세울 뿐입니다. 사람들이 사는 세상에는 욕망만 보이고, 보살들이 사는 세상에는 대자대비의 마음만 있을 뿐이며, 부처의 나라에는 오직 부처님의 향기만 있을 뿐입니다.

(7-9) 사리불님, 이 집에는 만나기 어려운 여덟가지 신비한 법이 있습니다. 이 집에는 진리를 깨친 거룩한 수행자가 있어서 밤이나 낮이나 금빛 광명이 빛나고 있으며, 이 집에는 진리를 깨친 거룩한 수행자가 있어서 이 집에 들어오기만 하면 모든 번뇌가 사라져 마음이 편안해지며, 이 집에는 항상 진정한 삶의 문제를 토론하는 보살들이 끊이지 않으며, 이 집에는 부처를 이루기 위하여 육바라밀을 실천하는 보살들이 끊이지 않으며, 이 집에는 진리를 깨친

거룩한 수행자가 있어서 마음을 편안하게 하여 열반으로 인도하는 법문이 끊이지 않으며, 이 집에는 진리를 깨친 거룩한 수행자가 있어서 도를 이루는 바른 길을 일러주며, 이 집에는 부처가 살고 있는 청정한 국토가 어떤 곳인지를 보여주고 있습니다. 누구든지 이 곳에 오기만 하면 성문, 벽지불, 보살은 모두 없어지고 부처님의 향기만 있을 뿐입니다."

(7-10) 사리불 : "그대는 어찌하여 진리를 보고 있으면서도 여자의 몸으로 있는가?"

하늘아가씨 : "저는 12년 동안이나 몸 구석구석을 살펴보았지만 여자의 모습을 찾지 못하였는데 무엇이 여자의 몸으로 보이게 합니까? 만일 요술쟁이가 요술로 여자를 만들었다면 요술로 만들어진 여자의 진실한 실체가 무엇입니까? 이러한 여자도 여자로서 의미가 있겠습니까? 우리가 보는 것은 단지 허상에 지나지 않습니다. 저의 몸도 그와 같습니다. 모든 법도 그와 같아서 일정한 모양이 있는 것이 아니며, 모양은 단지 그림자에 불과한 것입니다."

이 순간 하늘아가씨는 신통을 부려 자신의 몸을 사리불로 바꾸고, 사리불을 자신의 몸으로 바꾸었다. 그리고는 사리불에게 "당신은 어째서 몸을 바꾸지 않고 여자의 몸으로 있습니까?" 하고 묻자 사리불이 "나는 내가 어떻게 하여 여자의 몸으로 바뀌었는지 모르겠습니다."라고 대답하였다. 그러자 하늘아가씨가 신통력을 거두니 사리불은 다시 예전의 몸으로 바뀌었다. 하늘아가씨가 사리불에게 말했다.

하늘아가씨 : "사리불님이 지금 여자의 몸으로 되어 있는 자신을 다른 몸으로 바꿀 수 있다면 다른 여자들도 모두 자신의 몸을 바꿀 수 있을 것입니다. 그러면 그들은 여자의 몸이 아닙니다. 그러므로 나타난 형상만을 가지고 남자니 여자니 하는 것은 잘못된 것입니다. 사리불님, 조금전 여자의 몸이 지금은 어디에 있습니까?"

사리불 : "조금 전에 있었던 여자의 몸은 있으면서도 없는 것이며, 없으면서도 있는 것처럼 보인 것 뿐입니다."

하늘아가씨 : "모든 법도 또한 그리하여 있으면서도 없으며, 없으면서도 있는 것 같이 보일 뿐입니다."

(7-11) 사리불 : "아가씨여, 그대가 여기서 없어지면 어느 세상에 다시 태어나겠습니까?"

하늘아가씨 : "부처님께서 화신으로 여러 몸을 나타내는 것처럼 저도 또한 그렇게 태어나겠습니다."

사리불 : "부처님께서 화신으로 나타내는 것은 죽고 태어나는 것이 아닙니다."

하늘아가씨 : "모든 생명들도 그와 같이 없어지고 나고

하지 않습니다. 단지 우리들의 눈에 그렇게 보일 뿐입니다."

사리불 : "그러면 아가씨께서는 언제 부처가 됩니까?"

하늘아가씨 : "사리불님께서 부처가 되겠다는 결심을 포기하고 수행을 하지 않을 때 그 때 저는 부처가 됩니다."

사리불 : "내가 부처 되기를 포기 한다는 것은 있을 수 없는 일입니다."

하늘아가씨 : "그와 마찬가지입니다. 제가 부처가 된다는 것은 잘못된 생각입니다. 부처는 본래 이루어야 할 어떤 상태가 아니므로 누구도 얻을 수가 없는 것입니다."

사리불 : "아가씨여, 지금 우리들의 스승님도 부처를 이루었고, 이미 부처를 이룬 자도 앞으로 부처를 이룰 자도 겐지즈강의 모래만큼 많은데 이러한 것들은 어떻게 설명하겠습니까?"

하늘아가씨 : "모두 세속의 눈으로 볼 때 부처를 이룬 것 같이 보이지만 부처의 눈으로 보면 과거, 현재, 미래도 없으며, 본래 부처의 세계도 없는 것입니다. 스님께서는 아라한의 도를 얻었습니까?"

사리불 : "얻을 것이 없으므로 그냥 얻었다고 말하는 것입니다."

하늘아가씨 : "부처의 세계도 그와 같이 얻을 것이 없으므로 그냥 얻었다고 말할 뿐입니다."

도를
이루려고

8. 도를 이루려고

(8-1) 그 때 문수보살이 유마에게 물었다.
"보살이 어떻게 하면 불도를 통달했다고 할 수 있겠습니까?"

유마 : "만일 보살이 불도에 집착하지 않고 행하면 불도를 통달한 것이 됩니다."
문수 : "어떻게 하는 것이 불도에 집착하지 않고 행하는 것입니까?"
유마 : "만일 보살이 데바달다가 부처님을 헤치려다 부처님 발에 상처를 낸 것과 같은 대역죄를 행하면서도 마음이 고요하여 흔들림이 없으면 지옥에 가더라도 극락에 있는 것과 같으며, 동물의 몸을 받더라도 어리석음과 거만함이 없으며, 아귀의 몸을 받더라도 공덕을 두루 갖추고 있으며, 색계와 무색계에 가더라도 대단하게 여기지 않으며, 탐욕을 행하는 것 같아도 애착을 여의었으며, 성을 내고 있어도 생명을 미워하는 마음이 없는 자비로운 마음뿐이며, 아끼고 탐내는 것 같이 보여도 안 팎이 없어 몸과 목숨을 아끼지 아니하며, 계행을 파하는 것 같으면서도 진실한 윤리에 어긋남이 없으며, 조그마한 허물에도 죄스러운 마음을 가지며, 게으른 것 같으면서도 부지런하고 성실하

며, 마음이 들떠 있는 것 같으면서도 항상 선정속에 있으며, 어리석은 것처럼 보이지만 세간과 출세간의 지혜를 통달하였으며, 경전을 근본으로 한 여러 가지 방편으로 부처님의 가르침을 널리 유포하며, 방편으로 교만을 부려 중생들로 하여금 자신감을 갖게 하며, 방편으로 번뇌를 보이면서 상대방으로 하여금 청정 속에 들게 하며, 삿된 무리 속에 어울려 있으면서도 부처님의 정법으로 돌아오게 하며, 가난하게 살면서도 이웃과 함께 따뜻한 마음을 나누며, 방편으로 불구자의 몸을 받아 불구자들과 함께 있으면서도 불구자들을 떳떳하게 살게하며, 천한 집에 태어났어도 서원이 커서 바르고 깨끗하게 살며, 못난 형상으로 태어났더라도 다른 사람들에게 밉게 보이지 않아 함께 있기를 즐거워하며, 늙고 병 들어도 존재의 본질을 꿰뚫어 삶과 죽음에 초연하며, 세속에 살면서 소유와 집착에 자유로워 안생의 무상함을 직접 깨우치게 하며, 어리석게 보이지만 생각과 행동이 상대방의 마음을 감동하게 하며, 삿됨을 보여 상대방으로 하여금 바른 길을 가야겠다는 마음을 내게하며, 뭇 생명들과 함께 육도를 윤회하면서도 윤회에서 벗어났고, 열반을 보이면서도 생사 속에 있는 것입니다.

문수사리여, 보살이 이와 같이 불도 아닌 것에도 집착하지 않고 행할 수 있으면 불도를 통달한 것입니다."

(8-2) 이번에는 유마가 문수에게 물었다.

"문수여, 어떤 것이 부처의 종자입니까?"

문수 : "나고 죽고 하는 이 몸이 부처의 종자이며, 어리석음에 덮혀 밝지 못하고 애욕에 집착하는 것이 부처의 종자이며, 욕심 내는 마음과 성 내는 마음과 어리석은 마음이 부처의 종자이며, 이 세상이 영원하고 불변하는 즐거운 곳으로 잘못 생각하는 것이 부처의 종자이며, 욕심스럽고 의심하고 게으르고 잠이 많으며 생각이 산란한 그런 마음이 부처의 종자이며, 우리의 몸을 이루고 있는 눈, 귀, 코, 입, 몸, 의식의 육식으로 받아들이는 것들이 부처의 종자이며, 여덟가지의 바르지 못한 생각과 행위가 부처의 종자이며, 수 많은 생을 윤회하면서 익힌 어리석고 미워하며 집착하는 나쁜 습이 부처의 종자이며, 살생하고 도둑질하며 거짓말하는 나쁜 행동이 부처의 종자이며, 이와 같이 모든 번뇌가 바로 부처의 종자입니다."

(8-3) 유마 : "어떻게 해서 그렇습니까?"

문수 : "출세간 법을 보고 수행자가 되려고 결심한 자는 결코 최상의 깨달음을 이룰 수가 없습니다. 좋은 토양에는 연꽃이 피지 않지만 진흙탕에서 연꽃이 피어 나는 것과 같은 이치입니다. 조용한 산 속에 혼자 수행할 때 마음이 고요한 것은 진정으로 마음을 조복 받아 흔들림이 없는 것이 아닙니다. 부딪침이 없어서 그냥 마음이 선정에 들어있는 것처럼 보일 뿐입니다. 이 세속의 거친 유혹 속에 있으면

서도 바위처럼 흔들림 없는 그 마음이라야 최상의 깨달음을 얻을 수 있는 것입니다. 진정한 깨달음은 번뇌 속에서 번뇌와 더불어 이루어집니다. 조용한 산 속의 선정을 찾아 수행한 자는 불법의 씨앗을 틔우지 못하며, 모든 번뇌가 얽히고 설켜 있는 세속에서도 조용한 산에서처럼 마음의 흔들림이 없이 선정에 들수 있는 수행자라야 최상의 깨달음을 이루는 불법의 씨앗을 틔울 수 있습니다. 그러므로 번뇌는 부처의 나라로 들어가는 최상의 종자인 것입니다. 크고 깊은 바다에 들어가야만 최상의 보물을 건질 수 있듯이 번뇌의 바다에 들어가지 않고는 최상의 지혜 보배를 얻을 수 없는 것입니다."

(8-4) 이 때 조용히 듣고 있던 가섭이 문수보살을 찬탄하며 말했다.

"문수여, 진정으로 훌륭합니다. 말씀하신 바와 같이 번뇌는 진실로 부처의 종자가 됩니다. 당신이 지적하신 대로 우리들은 최상의 깨달음을 성취하겠다고 발심은 하였지만 번뇌에 부딪치면 밀고 나갈 힘이 없습니다. 대역죄를 지은 자도 발심하여 불법으로 다시 태어날 수 있지만 타성에 젖어 있는 저희들은 처음 불법에 들어올 때와 같이 순수한 마음으로 발심할 수가 없습니다. 저희들은 저희들의 경지에 만족하여 자만심만 가득차 있어서 수행에 아무런 진전도 이익도 없습니다. 그러므로 중생들은 불법으로 다시 태

어날 수 있지만 성문들은 다시 불법으로 태어날 수가 없
는 안타까움이 있습니다. 잘못된 수행자는 마음만 위없는
깨달음을 성취하겠다는 공허한 결심만 하고 이 몸이 다 할
때까지 많은 법문을 듣는다 하더라도 자신의 구렁텅이에
빠져 진정한 자비와 보리 마음을 낼 수가 없습니다."

(8-5) 이때 대중 가운데서 보현색신보살이 앞으로 나와
유마에게 물었다.

"유마여, 부모와 처자와 친척들과 관리인과 친구들과 노
복들과 마소와 수레들은 모두 어디에 있습니까?"

유마가 웃으면서 게송으로 대답하였다.

(8-6) 지혜는 어머니요 방편은 아버지니
여러세계 부처님네 여기에서 나시었네
법희로는 아내삼고 자비심은 딸이되고
진실한맘 아들이요 공적한건 내집일세.

(8-7) 여러세계 많은중생 공한줄은 알지마는
불국토를 장엄하려 모든중생 교화하며
중생들의 형상이며 목소리와 온갖거동
큰신통을 얻은보살 한꺼번에 나타내고

마군의일 알면서도 그행동을 따라하며

공교로운 방편지혜 마음대로 다나투며
늙고병나 죽는일로 여러중생 제도하되
요술인줄 환히알고 통달하여 걸림없네.

(8-8) 말겁적에 불이일어 하늘땅이 다타는데
항상한줄 믿는중생 깨우쳐서 알게하며
수천만억 중생들이 한꺼번에 청하거든
집집마다 찾아가서 불법으로 교화하고
경전이나 주문이나 신비로운 여러재주
있는대로 나타내어 여러중생 이익주네.

(8-9) 질병겁이 돌적에는 여러가지 약풀되어
중생들이 먹고보면 병은낫고 독풀리며
큰굶주림 말세에는 쌀이되고 밥이되어
굶은이를 배불리고 좋은법문 일러주네.

큰전쟁이 일어나면 대비심을 베풀어서
많은중생 교화하여 다툴마음 없게하며
두나라가 대립되어 큰싸움을 겨룰때는
큰위신력 나타내어 화해하여 어울리네.

(8-10) 철위산중 많은지옥 죄보받는 저중생들

곳곳마다 나아가서 그고통을 건져주며
여러세계 축생들이 서로잡아 먹는것을
그곳에서 태어나서 이익되게 하여주네.

(8-11) 오욕락을 받으면서 좌선공부 닦게되면
어지러운 산란한맘 틈을타지 못하나니
불가운데 솟은연꽃 희유하다 하려니와
욕심속에 선닦는일 그것보다 못할손가.

어떤때는 기생되어 호색자를 꾀어다가
정욕으로 마음사서 불지혜에 들게하며
어떤때는 성주되고 어떤때는 상인되며
고관대작 몸도되어 중생들을 도와주네.

(8-12) 가난한 사람들껜 무진보장 되어주고
좋은말로 권유하여 보리마음 내게하며
교만많은 사람들껜 장사의몸 나타내어
아만심을 꺾어주고 최상심을 내게하며
두려움에 떠는이는 앞에가서 위로하여
무외심을 내게하여 보리마음 가득하네.

(8-13) 어떤데선 음욕끊고 신통얻은 신선되어

중생들을 제도하여 지계인욕 닦게하며
다른사람 심부름을 잘시키는 사람에겐
그의뜻을 맞춘뒤에 도의마음 내게하며
구하는것 따라주고 불법중에 들게하되
더교모한 방편으로 소원대로 이뤄주네.

(8-14) 이러한일 한량없고 행하는것 가이없고
지혜또한 끝이없어 많은중생 제도하니
한량없는 부처님네 수천억겁 두고두고
이공덕을 칭찬해도 끝날줄이 없삽거늘
어느누가 이법듣고 보리마음 안낼손가.

9

진리는 하나

9. 진리는 하나

(9-1) 그 때에 유마가 여러 보살들에게 말했다.

"여러 보살들이여, 당신들은 어떻게 해서 둘 아닌 법에 들어갈 수 있었습니까?"각자의 생각을 한 번 말씀해 보십시오.

법자재보살 : "생겨나고 없어지는 것이 둘이지만 법은 본래 생겨나지도 않으며 없어지는 것도 아닙니다. 이러한 진실한 법을 알면 둘 아닌 법에 들어갈 수 있습니다."

(9-2) 덕수보살 : "나와 내 것이 둘이지만 내가 있으므로 말미암아 내 것이 있는 것이므로 만일 내가 없으면 내 것이 없을 것입니다. 이 이치를 알면 둘 아닌 법에 들어갈 수 있습니다."

(9-3) 보현보살 : "받는 것과 받지 않는 것이 둘이지만 만일 법을 받아들이지 않는다면 얻을 것이 없으며 얻은 것이 없으므로 취할 것이 없고 버릴 것도 없고 생각할 것도 없고 행할 것도 없으니 이렇게 하면 둘 아닌 법에 들어가게 되는 것입니다."

(9-4) 덕정보살 : "더러운 것과 깨끗한 것이 둘이지만 더럽고 깨끗함의 참 성품을 살펴보면 더럽고 깨끗함도 없으며 단지 적정하고 고요함을 따르게 되니 이렇게 보면 둘

아닌 법에 들어갈 수 있습니다."

(9-5) 선숙보살 : "움직이는 것과 생각하는 것이 둘이지만 움직이지 않으며 생각이 일어나지 않고 생각이 일어나지 않으면 분별이 없을 것이니 이렇게 하면 둘 아닌 법에 들어가게 됩니다."

(9-6) 선안보살 : "모양 있는 것과 모양 없는 것이 둘이지만 모양 있는 것이 결국은 모양 없는 것인 줄 알면 모양 있는 것과 모양 없는 것에 치우지지 않고 평등한 마음을 내게 되니 이렇게 하면 둘 아닌 법에 들어갈 수가 있습니다."

(9-7) 묘비보살 : "보살 마음과 성문 마음이 둘이지만 마음이 본래 공하여 보살도 없고 성문도 없음을 알면 둘 아닌 법에 들어가게 됩니다."

(9-8) 불사보살 : "착함과 악함이 둘이지만 착한 마음과 악한 마음을 일으키지 않으면 착함과 악함에 물들지 않으니 이렇게 마음을 내면 둘 아닌 법에 들어가게 됩니다."

(9-9) 사자보살 : "죄와 복이 둘이지만 죄의 성품을 바로 알면 복의 성품과 다르지 않으니 금강과 같은 지혜로 이 모양을 바로 알면 둘 아닌 법에 들어갈 수 있습니다."

(9-10) 사자의보살 : "번뇌 있음과 번뇌 없음이 둘이지만 만일 모든 법의 평등함을 알면 번뇌가 있음과 번뇌가 없음이 다르지 않아 형상에도 집착하지 않고 형상 없음에

도 머물지 않으니 이렇게 하면 둘 아닌 법에 들어가게 되는 것입니다."

(9-11) 정해보살 : "인위적인 힘을 가하여 일어나는 것과 자연적으로 일어나는 것이 둘이지만 차별을 벗어나면 마음이 허공과 같아 걸릴 것이 없으므로 이렇게 되면 둘 아닌 법에 들어갈 수 있습니다."

(9-12) 나라연보살 : "세간과 출세간이 둘이지만 세간 성품이 공하여 세간에 집착함이 없는 것이 출세간이며 그 가운데 들어가지도 않고 나오지도 않아 마음이 항상 고요하면 이것이 둘아닌 법이니 이렇게 될 수 있으면 둘 아닌 법에 들어갈 수 있습니다."

(9-13) 선의보살 : "생사와 열반이 둘이지만 생사가 일어나는 본바탕을 바로 보면 생사도 없고 얽힘도 없고 풀림도 없는 바로 열반이니 이렇게 볼 수 있으면 둘 아닌 법에 들어갈 수 있는 것입니다."

(9-14) 현견보살 : "다함과 다하지 아니함이 둘이지만 법의 본바탕에서 보면 다함도 없고 다하지 아니함도 없는 것이니 이렇게 본바탕을 바로 보기만 하면 둘 아닌 법에 들어가게 되는 것입니다."

(9-15) 보수보살 : "내가 있다는 생각과 내가 없다는 생각이 둘이지만 참성품에서 보면 나 자체가 있고 없음을 떠나 있으므로 이렇게 본질을 바로 본다면 둘 아닌 법에 들

어가게 되는 것입니다."

(9-16) 전천보살 : "깨어있음(明)과 어리석음에 덮혀있음(無明)이 둘이지만 무명의 참 성품이 바로 명이며, 명과 무명을 있는 그대로만 볼 수 있다면 분별을 떠나 명과 무명이 평등한 것이니 이렇게 보면 둘 아닌 법에 들어가게 되는 것입니다."

(9-17) 희견보살 : "형상과 공함이 둘이지만 형상이 곧 공함이요. 공함 속에서 형상이 있으므로 형상과 공함이 둘 아닌 줄을 알면 진리의 세계를 여실히 보게 되니 이렇게 알면 둘 아닌 법에 들어가게 됩니다."

(9-18) 명상보살 : "형상을 이루고 있는 지수화풍과 법의 본래 성품인 공함이 둘이지만 형상을 이루고 있는 모든 것의 공함을 알면 지수화풍과 공함이 같은 것이니 이것을 철저히 알면 둘아닌 법에 들어가게 되는 것입니다."

(9-19) 묘의보살 : "눈과 빛이 둘이지만 눈의 성품을 알고 빛의 경계를 떠나면 마음에 인색함이 없어지므로 탐냄과 어리석음이 일어나지 않아 마음이 항상 편안하고 고요하며, 이와 같이 귀와 소리, 코와 냄새, 혀와 맛, 몸과 감촉, 뜻과 생각의 대상에 대해서도 마음이 항상 편안하고 고요하니 이러한 상태가 되면 둘 아닌 법에 들어갈 수 있게 됩니다."

(9-20) 무진의보살 : "베품과 회향이 둘이지만 베풀면

서 베풂의 결과에 집착함이 없으면 베풂과 회향이 동시에 일어나 베풂이 곧 회향이 되는 것이며, 이와 같이 지계와 참고 견딤과 정진과 선정과 지혜에 대해서도 집착함이 없이 행하면 원인과 결과가 둘이면서도 동시에 일어나 하나가 되니 둘 아닌 법에 들어가게 되는 것입니다."

(9-21) 심혜보살 : "공함과 형상 없음과 지음 없음이 다른 것이지만 공함이 형상 없는 것이며, 형상 없는 것이 지음 없는 것이니 이 세가지 해탈이 다른 것이면서도 같은 것임을 알면 둘 아닌 법을 보게 될 것입니다."

(9-22) 적근보살 : "깨달음과 올바름과 청정함이 다른 것이지만 청정함이 바로 올바름이며, 올바름이 바로 깨달음에 이르는 길이니 깨달음과 올바름과 청정함이 다르면서도 다르지 않는 것임을 알면 둘 아닌 법을 보게 될 것입니다."

(9-23) 심무애보살 : "몸과 몸 없어짐이 둘이지만 몸의 실상을 알고 나면 몸이 곧 없어짐을 알게 되어 몸과 몸 없어짐이 같은 것임을 알고, 있고 없음에 분별이 없으므로 이렇게 볼 수 있으면 둘 아닌 법에 들어가게 되는 것입니다."

(9-24) 상선보살 : "몸으로 짓는 업과 입으로 짓는 업과 뜻으로 짓는 업이 다른 것이지만 몸와 입과 뜻은 같은 육신에서 작용하여 나타나는 것으로 하나의 육신으로 통섭

되는 것이며, 이것이 지음 없는 무위법임을 알면 몸과 입과 뜻으로 짓는 것들이 지음 없는 것인 줄 알게 되어 둘 아닌 법을 볼 수 있게 되는 것입니다."

(9-25) 복전보살 : "복된 행위와 죄 되는 행위는 둘이지만 참 성품은 공하여 복도 없고 죄도 없는 것이어서 행위는 있되 행위의 결과에 떠나 있으므로 둘 아닌 법을 보게 되니 이렇게 볼줄 알면 둘 아닌 법에 들어가게 되는 것입니다."

(9-26) 화엄보살 : "나로 말미암아 나와 남으로 분별되어 둘이 되는 것이니 실상을 보게 되면 분별이 끊어져 나와 남의 구별이 없게 되니 두 가지 법에 머물지 않고 둘 아닌 법을 보게 되니 이렇게 볼 줄 알면 둘 아닌 법에 들어가게 되는 것입니다."

(9-27) 덕장보살 : "소유와 얻음이 둘이지만 얻는 것이 없으면 소유가 없으니 취하고 버림이 없고, 취하고 버림이 없는 것이 바로 둘이 아닌 법이니 이렇게 되면 둘 아닌 법으로 들어가게 되는 것입니다."

(9-28) 월상보살 : "어두움과 밝음이 둘이지만 어두움이 있기 때문에 밝음이 있고 밝음이 있기 때문에 어두움이 있는 것이지 원래부터 밝음과 어두움이 있는 것은 아니니 이와 같이 알면 둘 아닌 법에 들어가게 되는 것입니다."

(9-29) 보인수보살 : "출세간을 좋아하고 세간을 싫어

하는 것이 둘이지만 원래 세간과 출세간은 도에 이르는 방편으로 있는 것이지 본질적으로 구별이 있는 것이 아니므로 세간이나 출세간에 얽매이지 않으면 이것이 둘 아닌 법이니 이렇게 바로 볼 수 있다면 둘 아닌 법에 들어가게 되는 것입니다."

(9-30) 주정왕보살 : "정과 사가 둘이지만 선정에 머물면 정이니 사니 하면서 분별하지 않아 둘이면서도 둘을 여의게 되니 이렇게 머물면 둘 아닌 법에 들어가게 되는 것입니다."

(9-31) 낙실보살 : "실다운 것과 실답지 못한 것이 둘이지만 진실을 보는 이는 실다운 것도 실답지 못한 것도 보지 않으며 오직 지혜의 눈으로 본질만을 볼 뿐이니 이렇게 볼 수 있는 자는 둘 아닌 법에 들어가게 되는 것입니다."

(9-32) 문수보살 : "진실한 법은 말도 없고 말 할 것도 없고 보이는 것도 없고 알 것도 없어서, 모든 문답을 떠나는 것을 둘 아닌 법에 들어가는 것이라 하겠습니다."

(9-33) 많은 보살들이 말을 마치자 문수가 유마에게 물었다.

"우리들이 제각이 자신의 생각들을 말하였습니다. 거룩한이여, 당신은 어떤 것이 둘 아닌 법에 들어가는 것이라고 생각하십니까?"

유마는 아무 말도 없이 그냥 그대로 있었다.

한참 후 문수보살은 유마를 찬탄하여 말했다.

"훌륭합니다. 글자도 없고 말까지도 없는 것이 참으로 둘 아닌 법에 들어가는 것입니다."

이렇게 진리가 하나임을 말 할 적에 대중 가운데 오천 보살들이 분별심에서 벗어나 둘 아닌 법에 들어가 큰 깨달음을 얻었다.

향적부처님이
계시는 곳

10. 향적부처님이 계시는 곳

(10-1) 이 때 사리불이 생각하기를 "공양 때가 되었는데 이 많은 대중들이 어디에서 어떻게 공양해야 할까?"하고 걱정을 하였다. 유마가 그의 생각을 꿰뚫어 보고 이렇게 말했다.

"부처님께서 말씀하신 법문을 놓고 진지하게 의견을 나누고 있는데 밥때가 되었다고 공양을 어떻게 해결할 것인가를 걱정할 수 있습니까? 공양할 생각이 있으면 잠깐만 기다리십시오. 처음 보는 음식으로 공양하게 해 드리겠습니다."

유마가 삼매에 들어 신통으로 대중들에게 신비한 세계를 보여 주었다. 위쪽으로 삼십이 향하사 세계를 지나가면 중향이라는 세계가 있고 그 세계에는 향적이라고 부르는 부처님이 계셨다. 맑고 달콤한 최상의 향기가 여러 세계에까지 뻗쳤으며, 그 나라의 백성들은 모두 순수하고 깨끗한 마음을 가졌으며, 성실하고 지극한 하나 된 마음으로 보살도를 행하고 있었다. 그 나라 안에 있는 건물과 땅과 산과 음식등 모든 것이 거룩한 부처님의 향기로 덮혀 있었다. 때마침 공양 시간이라 부처님과 보살들이 공양을 들고 계셨고, 하늘 사람들이 모두 위 없는 바른 깨달음을 이루겠다는 마음을 내어 부처님과 보살들에게 공양 올리는 것을 볼 수 있었다.

(10-2) 유마가 보살들에게 물었다.

"누가 저 부처님의 공양을 얻어올 수 있습니까?"

모든 보살들이 아무 말 없이 앉아 있자, 유마가 말하기를 "이렇게 많은 대중 중에서 어느 누구도 대답이 없으니 부끄러운 일이 아니냐?"하고 말하자 문수가 받아 말했다.

"부처님께서 말씀하시기를 〈처음 배우는 이들을 업신여기지 말라〉하였습니다."

이에 유마가 자리에서 일어나지 않고 대중 앞에서 화현으로 된 보살을 나타내니 모습도 뛰어나게 잘 생겼고 수행자다운 맑고 거룩함을 나타내었다.

유마가 화현보살에게 이렇게 말했다.

"그대가 지금 위쪽으로 삼십이 항하사 세계를 지나가면 중향세계가 있고 그 곳에서 향적 부처님이 대중들과 함께 공양을 들고 계신다. 그 곳에 가서 부처님께서 드시고 있는 공양을 얻어 오너라."

(10-3) 대중들이 지켜보는 가운데 화현보살은 위쪽으로 올라가 중향세계에 이르러 향적부처님이 계시는 곳에 이르러 이렇게 여쭈었다.

"유마가 부처님의 거룩함에 머리는 숙여 찬탄합니다. 부처님의 안정되고 거룩한 모습을 뵙게 되니 모든 불편함이 저절로 없어집니다. 지금 부처님께서 공양을 드시고 계시니 음식이 남았으면 조금 얻어 갈까 하고 왔습니다."

불법이 정착하기가 어려운 사바세계에 까지 화현보살의
말 소리가 대중들의 귀에 분명하게 들렸다. 이 소리를 들
은 대중들은 저절로 환희심이 우러나왔다. 중향세계 보살
들은 불법을 위하여 이렇게 노력하는 것은 처음 보는 일이
라고 찬탄하면서 "이 보살은 어디에서 왔으며, 사바세계
는 어디에 있는 것이냐?"하고 향적 부처님께 여쭈었다.

(10-4) 향적부처님 : "여기서 아래쪽으로 삼십이 항하
사 세계를 지나가면 사바세계가 있고 그 곳에 석가모니라
는 부처님이 계신다. 괴로움이 가득찬 오탁악세에 계시면
서 작은 뜻에 만족하여 진정한 불법을 모르는 이들을 위하
여 끊임없이 불법을 펴고 계신다. 그곳에 불가사의한 해탈
에 머물러 있는 유마보살이 있어 이 화현보살을 나에게로
보내 진정한 수행자가 나아가야 할 길을 물어 왔느니라."

중향보살 : "그 사람이 어떤 보살인데 이 화현보살을 만
들었으며, 공덕과 두려움 없는 힘과 신통력이 얼마나 뛰어
났습니까?"

향적부처님 : "우주의 구석구석까지 화현보살을 보내어
불사를 하며 중생을 이익되게 하고 있느니라."

하시면서 조금 남아 있는 공양을 화현보살이 가지고 온
그릇에 담아 주었다. 그 때에 중향세계의 구백만 보살들이
함께 말하였다.

"저희들도 사바세계로 가서 석가모니부처님을 공양하고 유마와 여러 보살들을 한번 만나 보고 싶습니다."

항적부처님 : "가고 싶으면 가거라. 그러나 그대들의 몸 향기를 거두어 그 곳 중생들로 하여금 의심하고 반하는 마음이 없도록 하여라. 또 그대들의 본래 형상을 버리고 수행하는 보살로서 부끄럼 없이 하라. 또 사바세계를 업신여기는 마음을 내어 스스로 장애되는 생각을 짓지 말 것이니라. 왜냐하면 시방국토가 모두 허망한 것이며, 모든 부처님이 바른 삶의 지침이 되어 중생들을 교화하기 위하여 청정한 국토를 그대로 나타내지 않고 방편으로 보이게 하기 때문이니라."

(10-5) 그 때에 화현보살이 발우에 공양을 가지고 다시 유마의 앞에 나타났으며, 구백만의 보살들도 홀연히 모습을 감추더니 잠시 후에 유마의 집에 이르렀다.

이 때 유마는 여러 보살과 사리불과 성문들에게 말했다.

"수행자들이여, 지금 공양하십시오. 부처의 감로반이며, 큰 자비로 만들어진 공양이므로 만일 집착하는 마음이 남아있는 자는 이 공양을 먹을 수가 없습니다."

여러 대중들이 속으로 말하기를 "공양은 한 그릇인 데 이 많은 대중들이 어떻게 먹을 수 있겠는가?"하였다. 화현보살이 대중들의 생각을 헤아려 이렇게 말했다.

"성문의 작은 덕과 작은 지혜로 부처의 무량한 복덕과

지혜를 헤아릴려고 하지 마십시오. 바닷물이 다 마를지언정 이 공양은 다하지 않습니다. 이 공양은 끝없는 지계와 옳음과 지혜와 해탈지견의 공덕으로 이루어졌기 때문에 다함이 없는 것입니다."

이 말을 듣고 대중들은 안심하고 공양을 들었다. 모든 대중들이 다 공양하고도 발우에 밥은 그대로 남아 있었고, 공양을 하고 난 다음 마음은 상쾌하기 그지 없었으며 모든 대중들의 몸에서도 중향세계의 나무에서 나는 향기가 나고 있었다.

(10-6) 이 때 유마가 중향세계에서 온 보살에게 물었다.

"향적부처님께서는 어떻게 법문을 설하십니까?"

중향보살 : "중향세계의 부처님께서는 말이나 글이 없으시고, 여러 가지 향기로써 대중들을 계행으로 들게 하며, 보살들은 모두 향나무 아래 앉아서 선정에 들면 즉시 마음이 고요하고 편안한 삼매에 들게 됩니다."

그 보살이 유마에게 물었다.

"석가모니부처님께서는 어떤 법문을 설하십니까? 한 번 들어보고 싶습니다."

(10-7) 유마는 다음과 같이 말했다.

"이 사바세계의 중생들은 생각이 완강하고 억세어 진실

한 삶에 눈을 뜨게 하는 것이 매우 어렵습니다. 믿음이 약하여 교화하기 어려운 사람들의 마음은 원숭이 같아서 여러 가지 방법으로 그 마음을 다스려야 조복 받을 수 있습니다. 마치 코끼리나 말이 사나워서 길들지 아니하면 채찍으로 갈겨 뼈에 사무치는 고통을 줌으로써 길들여지는 것과 같이 완강하고 억세어 진실한 삶의 길로 인도하기 어려운 중생들에게는 온갖 호되고 매서운 말로 일러서 바른 삶으로 들어가게 하는 것입니다. 지옥에 살고 있는 중생에게는 지옥의 과보를 말해주고 다스리며, 축생의 세계에 살고 있는 중생에게는 축생의 과보를 말해 주고 다스리며, 아귀의 세계에 살고 있는 중생에게는 아귀의 과보를 말하여 주어 다스리며, 살생하는 자에게는 살생의 과보를 말해 주어 바른 길로 돌아오게 하며, 도둑질한 자에게는 도둑질한 과보를 일러주어 바른 길로 돌아오게 하며, 삿된 음행을 한 자에게는 음행한 과보를 일러주어 바른 삶으로 돌아오게 하며, 욕심내고 성내고 미워한 자에게는 그에 해당하는 과보를 말해 주어 바른 길로 돌아오게 하며, 게으르고 파계한 자에게는 그에 해당하는 과보를 말해주어 바른 길로 돌아오게 합니다.

이러한 반면에 마음이 잘 다스려진 보살들은 중생을 어여삐 여기는 자비심으로 중생을 돌보며 깨달음의 길을 당당하게 걸어가고 있습니다.

진정한 베품으로 물질적으로 정신적으로 가난한 사람들을 돌보아 주며, 모범적인 생활을 하므로써 파계한 사람들의 길잡이가 되어주며, 욕됨을 능히 잘 참음으로써 성내는 사람들을 바르게 인도하는 길잡이가 되며, 정진하므로써 게으른 사람들에게 성실한 삶의 길잡이가 되어 주며, 마음이 안정된 선정으로써 마음이 산란한 사람들의 길잡이가 되어 바른 삶을 살도록 하며, 지혜로써 어리석은 사람들을 다스리며, 어려움을 잘 극복하므로써 어려움을 당하고 있는 중생들의 길잡이가 되어 주며, 큰 뜻을 펼쳐 조그만한 성취에 만족하는 사라들에게 큰 서원을 세우게 하여 세세생생 부처님 법 만나도록 인도해 주며, 착한 마음 뿌리를 심어 공덕이 없는 사람들을 제도하여 스스로 진실한 삶을 찾아 가도록 인도해 줍니다."

(10-8) 중향보살이 유마에게 물었다.

"그러면 보살은 몇가지의 좋은 법을 성취하여야 정토에 태어납니까?"

병상에 누워 있는 모습 그대로 유마의 대답이 이어졌다.

"보살은 여덟가지 좋은 법을 성취하면 정토에 태어납니다. 중생을 이익하게 하되 댓가를 바리지 말며, 일체 중생을 대신하여 모든 고통을 받으며, 짓는 공덕을 모두 다른 사람에게 돌리며, 평등한 마음으로 중생을 대하여 겸손한 마음이 한결 같아야 하며, 모든 중생을 부처님 같이 보고

받들어 모실 것이며, 보지 못한 경전이라고 의심하지 말
것이며, 다른 사람이 공양받는 것을 질투하지 말며, 자신
을 자랑하지 말 것이며, 항상 자신의 허물을 살피고 다른
사람의 허물을 말하지 말 것이니 이렇게 법을 지키면 정토
에 태어납니다."

이 법문을 듣고 많은 대중들의 위 없는 깨달음을 이루겠
다는 마음을 발하였으며, 일반 보살들이 큰 깨달음을 얻었
다.

11

구도자의
삶이여!

11. 구도자의 삶이여!

(11-1) 문수보살을 위시하여 많은 제자들을 유마의 병문안을 보내놓고 부처님께서는 암나무 우거진 정원에 앉아 설법을 하고 계셨다. 갑자기 정원이 온통 금빛으로 빛났다.

아난이 이러한 기적을 보고 부처님께 여쭈었다.

"부처님이시여, 무슨 인연으로 이런 상서러운 일이 일어납니까? 별안간 땅이 넓고 깨끗하며 주위가 온통 금빛으로 빛나고 있습니다."

부처님께서 말씀하셨다.

"아난아, 이것은 유마와 문수가 여러 대중들에게 둘러쌓여 함께 여기로 오려고 하므로 유마를 공경하는 대중들의 정성에 의하여 이러한 상서러움이 나타나는 것이다."

(11-2) 유마 : "문수여, 우리끼리 많은 법담을 나누었으니 이제 부처님을 찾아 뵙고 법을 청함이 좋을 듯 합니다."

문수 : "좋습니다. 마침 때가 적당합니다. 함께 가서 부처님을 뵙도록 합시다."

(11-3) 유마가 신통력으로 방안에 있는 모든 대중과 사자좌를 손바닥에 올려놓고 부처님이 계시는 암나무절로 갔다. 부처님 앞에 대중들과 사자좌를 펼쳐 놓으니 절 마당에 가득하였다. 유마가 지극한 마음으로 부처님께 절을

올리니 모든 대중들도 따라 정성으로 절을 올렸다. 부처님께서는 여러 보살들과 대중들을 칭찬하시며 자리에 앉기를 권하자 모두 자기 자리에 편안하게 앉았다.

부처님이 사리불에게 말씀하셨다.

"너는 유마보살의 자유자재한 신통력을 보았느냐?"

사리불 : "부처님이시여, 잘 보았습니다."

부처님 : "너는 어떻게 생각하느냐?"

사리불 : "부처님이시여, 유마의 그 불가사의함은 저의 능력과 지혜로는 측량할 수가 없습니다."

(11-4) 이 때 아난이 부처님께 여쭈었다.

"부처님이시여, 지금 여기에 가득한 이 향기는 예전에는 한번도 맡아 본 적이 없는 향기입니다. 이것이 무슨 향기입니까?"

부처님 : "이 향기는 중향세계의 보살들에게서 나는 것이다."

사리불이 아난에게 말했다.

"아난이여, 우리들의 몸에서도 이 향기가 나고 있습니까?"

아난 : "그 향기가 어디서 생겼습니까?"

사리불 : "중향세계에 계시는 향적부처님께서 유마의 청에 따라 부처님께서 공양하시던 것을 우리에게 나누어 주고 그 공양을 먹은 후로 향기가 납니다."

(11-5) 다시 아난이 유마에게 물었다.

"이 향기는 얼마 동안이나 나겠습니까?"

유마 : "우리들이 공양한 밥이 다 삭을 때까지 납니다."

아난 : "얼마 후에 삭겠습니까?"

유마 : "이 공양은 칠 일이 지나야 삭게 됩니다. 칠 일이 의미하는 것은 육바라밀의 실천을 모두 마쳐 몸과 마음에 번뇌의 독기가 완전히 없어진 상태를 말하는 것이며, 이 공양은 부처님께서 드시던 것이므로 번뇌 독기가 없어야 삭게 되는 것입니다."

(11-6) 부처님 : "아난아, 잘 들어라.

어떤 사람은 부처님의 밝은 지혜가 불토를 이룬다고 생각하며, 어떤 사람은 보살의 자비심이 불토를 이룬다고 생각하며, 어떤 사람은 깨달음을 성취하겠다는 큰 원이 불토를 이룬다고 생각하며, 어떤 사람은 부처님께 올리는 의복이나 좌복이나 음식으로 불토를 이룰 수 있다고 생각하며, 어떤 사람은 부처님을 모실 나무로 된 누각을 지음으로 불토를 이룰 수 있다고 생각하며, 어떤 사람은 원만하고 뛰어난 형상을 가지면 불토를 이룰 수 있다고 생각하며, 어떤 사람은 인생의 무상함을 철저히 가르쳐 실천하므로써 불토를 이룰 수 있다고 생각하며, 어떤 사람은 법문이나 경전을 통하여 삶을 성숙 시킴으로써 불토를 이룰 수 있다고 생각하고 있으며, 또 어떤 사람은 선정으로써 마음의 고요함과 편안함을 성취하여 불토를 이룰 수 있다고 생각하는 것과 같이 중생의 숫자만큼 불토가 있는 것이다.

아난아.

팔만 사천 가지의 번뇌가 중생에게는 고통이지만 부처에게는 이 번뇌가 바로 열반인 것이다. 그러므로 깨달은 자는 번뇌로써 불토를 장엄하는 것이다. 이러한 불법문에 들어간 보살은 깨끗하고 훌륭한 불국토를 보고도 기뻐하지도 않으며, 탐내지도 않으며, 거만하지도 않으며, 더럽고 천한 불국토를 보고도 근심하지 않고, 장애라고 생각하지도 않으며, 물러나지도 않는다.

오직 부처님을 생각하는 한마음뿐이다. 그러므로 모든 번뇌와 최악의 극한 상황까지도 청정하게 보이며, 즐거운 일로 보이는 것이다.

궁극적인 깨달음은 하나이지만 중생을 교화하여 깨달음에 나아가는 방법은 중생의 숫자만큼이나 많다. 강물이 흘러 바다에 이르면 하나가 되듯이 깨달음을 추구하는 방법은 자신의 근기에 맞는 것을 택하여 수행하지만, 깨달음을 성취하고 나면 지혜 바다만 있을 뿐이다.

그러므로, 아난아,

위에서 열거한 것처럼 불토를 이루는 방법은 여러 가지지만 이 모든 것이 성취하고 나면 같은 결과를 가져와 평등하므로 이름을 〈변정각〉이라고 부르며, 〈여래〉라고 부르며, 〈붓다〉라고 부르는 것이다."

(11-7) 아난 : "부처님이시여, 제가 지금까지 부처님의 말씀을 제일 많이 들었다고 생각하였는데 이제부터는 부처님의 말씀을 많이 들었다고 할 수 없겠습니다."

부처님 : "아난아, 그렇게 생각하지 말아라. 그래도 성문중에서는 제일 많이 들었느니라. 닫힌 마음으로는 아무리 보살의 마음을 헤아리려고 해도 헤아릴 수 없는 것이다. 갠지즈강의 모래수를 다 헤아린다 하더라도 보살의 선정과 지혜와 변재와 공덕은 다 헤아릴 수 없다. 유마가 한 번 보인 이 신통력은 성문이나 벽지불이 수천 만 년 동안 부린 신통을 모두 합한 것보다 변재가 더 큰 것이다."

(11-8) 그 때에 중향세계에서 온 보살들이 합장하고 부처님께 여쭈었다.

"부처님이시여, 저희들이 처음에는 이 사바세계를 보고 업신여기는 마음을 가졌습니다. 부처님의 말씀을 듣고 스스로 뉘우치며 그런 마음을 모두 버렸습니다. 이제는 사바세계도 모두 방편임을 알았습니다. 이제 저희들이 돌아가야 할 시간도 얼마 남지 않았습니다. 저희들을 위하여 법을 베풀어 주시면 귀중한 수행의 지침이 되겠습니다."

부처님께서는 향적세계의 보살들을 위하여 다음과 같은 법을 설하셨다.

"번뇌를 다 떨쳐버리고 나면 끝없는 지혜가 열리는 해탈

법문이 있다.

번뇌가 있으면 삶과 죽음이 있고, 번뇌를 여의면 열반에 들어가는 것이다. 보살들은 삶과 죽음속에 있으면서도 삶과 죽음에 대하여 자유로우며, 열반에 있으면서도 열반에 얽메이지 않는다. 중생들과 함께 삶과 죽음을 윤회하면서 그들과 더불어 함께 기뻐하고 함께 슬퍼하며, 그들을 가엾게 여기며, 깨달음을 이루겠다는 마음에서 물러나지 않으며, 중생을 교화하는 마음이 흐트러지지 않으며, 중생과 더불어 살면서 모든 문제는 부처님께서 가르치신 사성제의 법에 따라 풀려고 노력하며, 바른 법 지키기에 몸과 목숨을 아끼지 아니하며, 행위는 하되 결과에 구애되지 않으며, 바른 법을 구하는데 온 정성을 다하며, 바른 법을 펴는데 자신을 돌보지 않고 적극적이며, 모든 살아있는 생명들을 다 사랑하는 것이다.

(11-9) 그러므로 삶과 죽음을 두려워하지 않으며, 잘 살고 못사는데 기뻐하거나 근심하지 않으며, 공부하지 않는 자를 업신여기지 않으며, 부지런히 공부하는 자를 부처님같이 존경하며, 번뇌 속에 떨어진 사람들에게 바른 생각을 가지게 하며, 세속을 떠난 한가로움을 귀하게 여기지 않으며, 나의 즐거움에 집착하지 않으며, 다른 사람의 즐거움을 함께 기뻐하며, 마음이 고요하여 선정 속에 있으면서도 마음이 산란하여 지옥을 헤매는 중생을 잊지 아니하며, 고

난과 시련 속에 있으면서도 즐거운 마음으로 견디어내며, 찾아와 도를 묻는 사람을 스승처럼 대하고, 계율이 흐트러져 삶의 질서를 잃어버린 사람에게는 바른 길로 인도하며, 도를 이루는 행위를 부모 같이 여기며, 선한 마음 뿌리를 심는 데는 시간과 장소를 구별하지 않으며, 다른 사람의 성취를 자신의 일인 것처럼 기뻐하며, 외부적인 모습과 마음 씀씀이를 구족하게 하며, 온갖 나쁜 것을 버리어 몸과 입과 뜻을 깨끗하게 하며, 끝이 없는 생사바다도 용감하게 헤쳐나가며, 부처님의 한량없는 공덕 닦는 일에도 부지런하며, 지혜의 칼로 번뇌의 도적을 베어내고, 인연법을 철저하게 깨우쳐 윤회에서 벗어나며, 모든 중생들을 깨달음의 세계로 인도하며, 산란한 마음과 여러 가지 유혹들을 정진으로 뛰어넘고, 세간에 있으면서도 무소유 정신으로 아무리 작은 성취에도 만족할 줄 알며, 세속에 있으면서도 도를 버리지 않으며, 의심이 많은 중생에게는 신통을 보여주고 믿게 하며, 중생들의 근기를 잘 분별하여 적절한 법문을 설하며, 진실을 말하므로써 걸림이 없게 하며, 착한 일을 행하여 하늘 사람의 복을 받고, 끝없는 자비 마음을 내어 범천의 세계를 열고, 부처님의 행위와 마음을 닮고자 끝없이 노력하고 수행하는 것이 보살들이 삶과 죽음 속에 있으면서도 삶과 죽음에서 자유롭게 되는 길이다.

(11-10) 또한 공함을 배우고 닦아 공에 머물지 않고 세

간 속에 공의 꽃을 피워내며, 항상 고요한 선정을 닦고 배워도 선정에 머물지 않고 세간 속에서 선정의 꽃을 피워내며, 인생을 관하여 무상함을 알면서도 삶과 죽음을 미워하지 않으며, 존재의 본질을 관조하여 〈나〉라는 실체가 없음을 알면서도 다른 사람들에게 바른 길로 가도록 교화하며, 마음이 고요함에 머물러 있으면서도 행동은 활발하며, 마음은 세속을 떠나 있으면서도 몸과 마음으로 착한 일을 즐겨 닦으며, 윤회하는 몸뚱이를 살펴보니 돌아갈 데가 없는 줄 알면서도 바르고 깨끗한 삶을 영위하며, 다시 태어남이 없는 줄을 알면서도 중생들과 더불어 번뇌 속에서 살며, 행할 것이 없는 줄 알면서도 행동을 보임으로써 중생들의 모범이 되며, 모든 형상 있는 것은 허망하여 끊임없이 변하는 것인 줄 알면서도 세상의 변화무쌍함 속에 뛰어들어 중생과 더불어 사는 것이 진정한 보살의 길인 것이다.

삶과 죽음의 세계에 뛰어들어 복덕의 씨를 뿌리며, 자비의 씨를 뿌리며, 마음의 병을 낫게 하는 법약의 씨를 뿌리며, 이상의 세계에 머물면서 지혜의 꽃을 피우며, 서원의 꽃을 피우며, 법약의 꽃을 피워 중생의 병을 없애 주는 것이 보살의 길이며, 이것이 깨달음의 법이니 마땅히 그렇게 받아 지닐지니라."

이 때에 향적세계 보살들은 이 법문을 듣고 크게 기뻐하며 아름답고 향기로운 꽃으로 우주에 가득 뿌리며 "석가모

니 부처님은 방편을 잘 행하시도다." 하며 부처님을 찬탄
하면서 향적세계로 돌아갔다.

12

깨달음의 세계

12. 깨달음의 세계

(12-1) 그 때에 부처님께서 유마에게 물으셨다.

"그대가 부처를 보고자 하니, 어떻게 하는 것이 부처를 보는 것인가?"

유마는 부처님께 예를 올리고 나서 말했다.

"스스로 몸의 실상을 보는 것처럼 그렇게 보면 부처를 볼 수 있습니다. 부처는 미래에 나타나는 것도 아니며, 과거에 나타난 것도 아니며, 지금 현재에 머물러 있는 자도 아닙니다. 부처는 형상으로 볼 수 없으며, 형상을 떠난 공함으로도 볼 수 없으며, 형상을 이루고 있는 성품으로도 볼 수 없습니다. 받아들임과 생각과 행위와 느낌도 그러합니다. 부처는 육신을 갖추고 있으면서도 허공과 같으며, 부처는 눈, 귀, 코, 혀, 몸, 뜻으로 인식되는 세계가 아니라 의식을 포함한 초월의식에 뿌리를 두고 있으며, 과거, 현재, 미래 속에 있으면서도 과거, 현재, 미래가 없는 영겁에 살고 있으며, 햇빛과 같은 지혜를 갖추었으면서도 중생과 더불어 무명 속에 헤매며, 형상이 있으면서도 상황에 따라 천 백억의 몸을 나타내어 형상이 있는 것도 아니고 형상이 없는 것도 아니며, 깨달음의 언덕에 서 있는 것 같으면서도 번뇌의 바다에서 중생들고 함께 허우적거리며, 마음은 고요하여 흔들림이 없지만 행해야 할 바를 부지런히 닦으며, 분별을 뛰어넘었으면서도 중생과 더불어 분별하며, 지혜로운 자에게는 무명의 세계를 무명에 가리운 자에게는 지혜의 세계를 보여 주어 더 넓은 세계를 알게하며, 부처는 원래 깨끗하지도 않으며 더럽지도 않으며, 한 곳에 있지도 않으며 또 그 곳에 떠나지도 않으며, 삶과 죽음속에 있으면서도 열반 속에 머물며, 나타내어 보여줄 것도 아니며, 말로 나타낼 수 있는 상태도 아니며, 계행을 파계하지도 않으면서 지키지도 않고, 게으른 것 같으면서도 끊임없이 정진하며, 마음이 산란하여 어지러운 것 같으면서도 흔들림이 없으며, 어리석은 것 같으면서도 진실하며, 거짓말을 하는 것 같으면서도 진실하며, 오지도 않으며 가지도 않고, 나오지도 않으며, 들어가지도 않고, 취하지도 않으며 버리지도 않고, 모양이 있는 것도 아니며 모양이 없는 것도 아니며, 크지도 않으며 작지도 않고, 복밭도 아니며 복밭 아닌 것도 아니며, 얻음도 없으며 잃음도 없고, 맑음도 아니며 흐림도 아니고, 인위적으로 일어나게 하는 것도 아니며 자연적으로 일어나는 것도 아니고, 나는 것도 없으며 없어지는 것도 아닙니다.

그러면서도 모든 구속에서 자유로우며, 지혜와도 평등하고 중생과도 평등하며, 모든 법에 분별이 없으며, 모든 애욕을 떠나 좋고 싫어함이 없습니다.

부처님이시여, 부처의 몸이 이와 같다고 생각하고 있습

니다."

(12-2) 이 때 사리불이 유마에게 물었다.

"유마여, 당신은 어디에 있다가 여기에서 태어났습니까?"

유마 : "사리불이여, 법에 없어지고 생기고 하는 것이 있습니까?"

사리불 : "없어지고 생기고 함이 없습니다."

유마 : "모든 법이 없어지고 생기고 하는 것이 없는데, 어찌하여 저에게 어디에 있다가 여기에 왔느냐고 묻습니까? 요술쟁이가 요술로 사람을 만들 때 없어지고 생기는 것이 있다고 하겠습니까?"

사리불 : "없어지고 생기고 하는 것은 환상에 지나지 않는 것입니다."

(12-3) 유마 : "부처님께서 모든 법은 요술과 같다고 하셨습니다. 모든 법이 요술과 같다면 어디에 있다가 여기로 왔겠습니까?

사리불이여,

없어진다는 것은 허망한 법이 부서지는 모양이며, 나타난다는 것은 허망한 법이 계속되는 모양이니, 보살은 없어지더라도 착한 마음 뿌리는 다하지 아니하며, 나타난다 하더라도 나쁜 종자가 자라나지 않습니다."

(12-4) 그 때에 부처님께서 사리불에게 말씀하셨다.

"저기 묘희세계가 있고, 그 세계에 계시는 부처님은 무동불이니, 유마는 그 세계에 있다가 여기에 태어났느니라."

사리불 : "흔하지 않는 일입니다. 부처님이시여.
유마는 스스로 보살의 세계를 버리고 번뇌로 가득한 사바세계로 왔습니다."

유마 : "사리불이여, 햇빛이 빛날 때 어두운 것과 밝은 곳이 구별 되겠습니까?"

사리불 : "햇빛이 빛날 때는 모든 것이 밝게 됩니다."

유마 : "사리불이여, 보살도 그와 같습니다. 원래 밝음과 어두움은 없는 것입니다. 지옥이라 하더라도 보살이 그곳에 가면 그 보살로 말미암아 그곳은 보살세계가 되는 것입니다."

(12-5) 이 때 대중들은 묘희세계를 한 번 보기를 간절히 원했다. 부처님께서 대중들의 마음을 알고 유마에게 말했다.

"유마여, 이 대중들이 묘희세계를 보기를 원하니 대중들이 묘희세계를 볼 수 있도록 하라."

(12-6) 유마가 삼매에 들어 신통력으로 묘희세계를 오른 손바닥위에 펼쳐 놓았다.

대중들은 아무 것도 없는 허공에서 끝없이 넓고 거룩한

묘희세계가 눈 앞에 펼쳐지자 환희심이 절로 났다. 남섬부주로부터 도리천까지 뻗어 있는 끝도 없는 계단에는 수 많은 보살들이 구도행각을 하고 있었으며, 계단을 둘러싸고 있는 계곡과 강과 바다와 산과 숲과 짐승들은 이제까지 본 적이 없는 묘하고 신비한 것이었다.

향적세계와 묘희세계를 체험한 대중들은 끝도 없이 넓고 다양한 우주를 보고 자신만의 세계에 빠져있던 닫힌 마음이 사라지고 더 넓고 높은 세계를 볼 수 있는 마음의 눈이 열리게 되었다. 부처님께서는 대중들을 둘러보시고 "너희들도 부지런히 수행하여 마음이 청정해지면 유마처럼 너희들의 마음 속에서도 이러한 세계가 이루어진다."고 말씀 하셨다.

(12-7) 부처님 : "사리불아, 너는 묘희세계와 무동부처를 보았느냐?"

사리불 : "부처님이시여, 잘 보았습니다. 지금 저의 가슴에도 환희로움이 가득차 있습니다. 모든 생명들이 무동부처님과 같이 깨끗한 불토를 이루며, 유마와 같이 큰 신통을 얻기를 원합니다. 지금 설하신 이 법문이 부처님께서 열반에 드신 다음에도 이 세상에 남아 큰 이익이 되었으면 원이 없겠습니다. 다음 세상에 이 법문을 받아 지니는 이가 있다면 그는 틀림없이 유마와 같은 신통을 얻어 부처를 이룰 것입니다. 이 법문이 있는 한 이 세상에는 진리의 셈

이 영원히 솟을 것입니다. 한 수행자로서 기쁜 마음 그지
없습니다."

13

진정한 공양

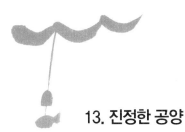

13. 진정한 공양

(13-1) 그 때에 제석환인이 대중 가운데 있다가 앞으로 나와 부처님께 말씀드렸다.

"부처님이시여, 제가 지금까지 많은 법문을 들었지만 이렇게 마음이 맑고 밝은 환희심으로 가득찬 적은 없었습니다. 만약 다음 세상에서라도 누가 이 법문을 받아 지니고 청정하게 수행하는 자가 있다면 하늘이든 지옥이든 가리지 않고 찾아가 정성으로 공양 올릴 것이며, 수행하는 데 방해가 되지 않도록 목숨을 걸고 보호하겠습니다.

부처님이시여.

오늘 이 인연으로 말미암아 저는 진정으로 진실한 세계를 알게 되었습니다."

(13-2) 부처님께서 제석에게 말했다.

"제석이여, 네가 그렇게 말하니 나도 한없이 기쁘구나.

과거, 현재, 미래의 모든 부처님도 결국은 이 법문에 의하여 위없는 깨달음을 성취하였으며, 성취하며, 성취할 것이다. 그러므로 이 법문을 받아 지님은 바로 부처님께 공양 올리는 것과 같은 것이다.

만약 어떤 사람이 있어 우주에 가득 찬 보물로써 부처님께 공양을 올린다면 이 사람의 공덕은 어떻겠느냐?"

제석 : "매우 크겠습니다. 부처님이시여, 그 공덕은 한

겁동안 칭찬한다 하더라도 모자랄 것입니다."

(13-3) 부처님 : "그렇다. 제석이여, 그러나 만약 바른 생각을 가진 사람이 이 법문을 받아 지니고 이 법문에 따라 청정하게 수행한다면 이 공덕이 앞의 공덕보다 더 크다. 진실한 마음으로 올리는 공양이 영원히 줄어들지 않는 최상의 공덕인 것이다. 나도 전생에 도를 이루겠다는 결심으로 이와 같은 법 공양을 올리고 이에 따라 수행한 인연으로 부처를 이루게 된 것이다. 누구든지 나와 같이 오로지 도를 이루겠다는 한 마음으로 지극하게 수행한다면 결정코 부처를 이룰 것이다. 이러한 마음이 없이 수 천억 겁을 부처님께 공양 올리며 수행한다 하더라도 부처를 이룰 수 없다. 진정한 공양은 마음에서 우러나는 지극한 정성인 것이다."

14

부처님의
이름으로

14. 부처님의 이름으로

(14-1) 부처님께서는 대중들을 둘러보시고는 미륵에게 말했다.

"미륵이여, 내가 무량한 겁 동안 공양 올리고 받아 지닌 이 위없는 깨달음을 이루는 법문을 이제 그대들에게 부촉하노니, 내가 멸도한 뒤 말세가 되면 이 법문이 더욱 절실하게 될 것이다. 그 때에 그대들은 진실한 삶을 추구할려고 하는 모든 생명들이 이 법을 만나지 못하여 무명에 빠져 헤매지 않도록 널리 법을 베풀도록 하여라.

(14-2) 미륵이여, 말세가 되면 말과 글을 쫓아 따르는 보살도 있을 것이며, 이 법문을 따라 진실한 수행을 행하는 보살도 있을 것이다. 말과 글을 쫓는다고 비방하고 버리지 말라. 말과 글을 쫓다가 인연이 성숙하면 자연스럽게 진실한 수행으로 돌아오는 것이다. 그대들은 너무 조급하지도 말며, 너무 단편적으로 보지도 말며, 모든 것을 부정적으로 보지도 말 것이며, 지금의 잠깐 인연은 수 억겁의 긴 시간에 비해 찰나에 불과한 것임을 알고 모든 것을 다 포용할 수 있도록 하라. 말세일수록 감각적이고 단편적이며 순간적인 것이 더욱 만연하여 정신의 황폐를 가져올 것이니 이럴수록 즐거운 마음으로 참고 견디며 대상들을 긍정적으로 받아들여 줄 때 부처의 씨앗이 성숙되는 것이며,

불토가 이룩되는 것이다. 이것은 이 세상이 없어진다 하더라도 수행자가 걸어가야 할 길이며, 수행자는 이렇게 자신의 길을 감으로써 비로소 부처를 이루는 것이다."

(14-3) 미륵보살이 이 말씀을 듣고 부처님께 말씀드렸다.

"거룩하십니다. 부처님이시여,

저희들도 부처님께서 무량겁 동안 받아 지닌 이 법문을 받아 지닐 것이며, 이법이 영원토록 이 세상을 밝히는 등불이 되도록 할 것이며, 저희들도 이 법문에 의지하여 결정코 부처를 이루겠으며, 모든 생명이 다 부처를 이룰 때까지 저희들은 이 법문을 연설하며 이 법문에 따라 수행하도록 하겠습니다."

이 때 사천왕이 환희심을 발하여 다음과 같이 말했다.

"만약 다음 세상에서라도 누가 이 법문을 받아 지니고 청정하게 수행하는 자가 있다면 하늘이든 지옥이든 가리지 않고 찾아가 정성으로 공양 올릴 것이며, 이 법문이 소멸하지 않도록 목숨을 걸고 보호하겠습니다.

부처님이시여, 오늘 이 인연으로 말미암아 저는 진정으로 진실한 세계를 볼 수 있어서 기쁘기 한이 없습니다."

(14-4) 이 때 아난이 부처님께 여쭈었다.

"부처님이시여, 저희들도 이 법문을 널리 유포할 것이며, 이 법문에 따라 수행하겠습니다. 그러면 이 법문의 이름을 어떻게 부르면 되겠습니까?"

부처님께서 말씀하셨다.

"아난아, 이 법문의 이름은 〈유마힐소설경(維摩詰小說)〉이며, 〈불가사의해탈법문(不可思議解脫法門)〉이니라. 이렇게 받아 지니도록 하여라."

부처님께서 이 법문을 설해 마치시니 유마와 문수보살과 사리불과 아난과 미륵보살과 모든 하늘 사람과 아수라와 모든 대중들이 크게 기뻐하며, 믿고 지니고 받들어 행하였다.

維摩詰所說經

鳩摩羅什 譯

一. 佛國品

　如是我聞 一時 佛 在毘耶離庵羅樹園 與大比丘衆八千人 俱 菩薩 三萬二千 衆所知識 大智本行 皆悉成就 諸佛威神之所建立 爲護法城 受持正法 能師子吼 名聞十方 衆人不請 友而安之 紹隆三寶 能使不絶 降伏魔怨 制諸外道 悉已淸淨 永離蓋纏 心常安住無碍解脫 念·定·總持 辯才不斷 布施·持戒·忍辱·精進·禪定·智慧 及方便力 無不具足 逮無所得 不起法忍 已能隨順 轉不退輪 善解法相 知衆生根 盖諸大衆 得無所畏 功德智慧 以修其心 相好 嚴身 色像第一 捨諸世間所有飾好 名稱 高遠 踰於須彌 深信堅固 猶若金剛 法寶 普照 而雨甘露 於衆言音 微妙第一 深入緣起 斷諸邪見 有無二邊 無復餘習 演法無畏 猶師子吼 其所講說 乃如雷震 無有量已過量 集衆法寶 如海導師 了達諸法 深妙之義 善知衆生往來所趣 及心所行 近無等等 佛自在慧 十力無畏 十八不共 關閉一切諸惡趣門 而生五道 以現其身 爲大醫王 善療衆病 應病與藥 令得服行 無量功德 皆成就 無量佛土 皆嚴淨 其見聞者 無不蒙益 諸有所作 亦不唐捐 如是一切功德 皆悉具足

　其名曰等觀菩薩·不等觀菩薩·等不等觀菩薩·定自在王菩薩·法自在王菩薩·法相菩薩·光相菩薩·光嚴菩薩·大嚴菩薩·寶積菩薩·辨積菩薩·寶手菩薩·寶印手菩薩·常擧手菩薩·常下手菩薩·常慘菩薩·喜根菩薩·喜王菩薩·辯音菩薩·虛空藏菩薩·執寶炬菩薩·寶勇菩薩·寶見菩薩·帝網菩薩·明網菩薩·無緣觀菩薩·慧積菩薩·寶勝菩薩·天王菩薩·壞魔菩薩·電德菩薩·自在王菩薩·功德相嚴菩薩·獅子吼菩薩·雷音菩薩·山相擊音菩薩·香象菩薩·白香象菩薩·常精進菩薩·不休息菩薩·妙生菩薩·華嚴菩薩·觀世音菩薩·得大勢菩薩·梵網菩薩·寶

杖菩薩·無勝菩薩·嚴土菩薩·金髻菩薩·珠髻菩薩·彌勒菩薩·文殊師
利法王子菩薩 如是等 三萬二千人

復有萬梵天王尸棄等 從餘四天下 來詣佛所而聽法 復有萬二千
天帝 亦從餘四天下 來在會坐 並餘大威力諸天 龍神·夜叉·乾闥婆·
阿修羅·迦樓羅·緊那羅·摩睺羅伽等 悉來會坐 諸比丘·比丘尼·優婆
塞·優婆夷 俱來會坐 彼時 佛 與無量百千之衆 恭敬圍繞 而爲說法
譬如須彌山王 顯于大海 安處衆寶獅子之座 蔽於一切諸來大衆

爾時 毘耶離城 有長者子 名曰 寶積 與五百長者子 俱持七寶蓋
來詣佛所 頭面禮足 各以其蓋 共供養佛 佛之威神 令諸寶蓋 合成
一蓋 遍覆三千大千世界 而此世界廣長之相 悉於中現 又此三千大
千世界 諸須彌山 雪山·目眞隣陀山·摩訶目眞隣陀山·香山·寶山·金
山·黑山·鐵圍山·大鐵圍山·大海·江河 川流泉源 及日月星辰 天宮·
龍宮·諸尊神宮 悉現於寶蓋中 又十方諸佛 諸佛說法 亦現於寶蓋
中

爾時 一切大衆 覩佛神力 歎未曾有 合掌禮佛 瞻仰尊顏 目不暫
捨 長者子寶積 卽於佛前 以偈頌曰

目淨修廣如靑蓮　　心淨已度諸禪定
久積淨業稱無量　　導衆以寂故稽首
旣見大聖以神變　　普現十方無量土
其中諸佛演說法　　於是一切悉見聞
法王法力超群生　　常以法財施一切
能善分別諸法相　　於第一義而不動

已於諸法得自在　　是故稽首此法王
說法不有亦不無　　以因緣故諸法生
無我無造無受者　　善惡之業亦不亡
始在佛樹力降魔　　得甘露滅覺道成
已無心意無受行　　而悉摧伏諸外道
三轉法輪於大千　　其輪本來常清淨
天人得道此爲證　　三寶於是現世間
以斯妙法濟群生　　一受不退常寂然
度老病死大醫王　　當禮法海德無邊
毀譽不動如須彌　　於善不善等以慈
心行平等如虛空　　孰聞人寶不敬承
今奉世尊此微蓋　　於中現我三千界
諸天龍神所居宮　　乾闥婆等及夜叉
悉見世間諸所有　　十力哀現是化變
衆覩希有皆歎佛　　今我稽首三界尊
大聖法王衆所歸　　淨心觀佛靡不欣
各見世尊在其前　　斯則神力不共法
佛以一音演說法　　衆生隨類各得解
皆謂世尊同其語　　斯則神力不共法
佛以一音演說法　　衆生各各隨所解
普得受行獲其利　　斯則神力不共法
佛以一音演說法　　或有恐畏或歡喜
或生厭離或斷疑　　斯則神力不共法
稽首十力大精進　　稽首已得無所畏
稽首住於不共法　　稽首一切大尊師
稽首能斷諸結縛　　稽首已到於彼岸

稽首能度諸世間　　稽首永離生死道
悉知衆生來去相　　善於諸法得解脫
不着世間如蓮華　　常善入於空寂行
達諸法相無罣碍　　稽首如空無所依

　爾時 長者子寶積 說此偈已 白佛言 世尊 是五百長者子 皆已發
阿耨多羅三藐三菩提心 願聞得佛國土淸淨 唯願世尊 說諸菩薩淨
土之行 佛言善哉 寶積 乃能爲諸菩薩 問於如來淨土之行 諦聽諦
聽 善思念之 當爲汝說 於是 寶積 與五百長者子 受敎而聽

　佛言 寶積 衆生之類 是菩薩佛土 所以者何 菩薩 隨所化衆生 而
取佛土 隨所調伏衆生 而取佛土 隨諸衆生 應以何國 入佛智慧 而
取佛土 隨諸衆生 應以何國 起菩薩根 而取佛土 所以者何 菩薩 取
於淨國 皆爲饒益諸衆生故 譬如有人 欲於空地 造立宮室 隨意無
碍 若於虛空 終不能成 菩薩 如是 爲成就衆生故 願取佛國 願取佛
國者 非於空也

　寶積 當知 直心 是菩薩淨土 菩薩 成佛時 不諂衆生 來生其國 深
心 是菩薩淨土 菩薩 成佛時 具足功德衆生 來生其國 菩提心 是菩
薩淨土 菩薩 成佛時 大乘衆生 來生其國 布施 是菩薩淨土 菩薩 成
佛時 一切能捨衆生 來生其國 持戒 是菩薩淨土 菩薩 成佛時 行十
善道滿願衆生 來生其國 忍辱 是菩薩淨土 菩薩 成佛時 三十二相
莊嚴衆生 來生其國 精進 是菩薩淨土 菩薩 成佛時 勤修一切功德
衆生 來生其國 禪定 是菩薩淨土 菩薩 成佛時 攝心不亂衆生 來生
其國 智慧 是菩薩淨土 菩薩 成佛時 正定衆生 來生其國 四無量心
是菩薩淨土 菩薩 成佛時 成就慈悲喜捨衆生 來生其國 四攝法 是

菩薩淨土 菩薩 成佛時 解脫所攝衆生 來生其國 方便 是菩薩淨土
菩薩 成佛時 於一切法 方便無閡衆生 來生其國 三十七道品 是菩
薩淨土 菩薩 成佛時 念·處·正勤·神足·根·力·覺·道衆生 來生其國
廻向心 是菩薩淨土 菩薩 成佛時 得一切具足功德國土 說除八難
是菩薩淨土 菩薩 成佛時 國土 無有三惡八難 自守戒行 不譏彼闕
是菩薩淨土 菩薩 成佛時 國土 無有犯禁之名 十善 是菩薩淨土 菩
薩 成佛時 命不中夭 大富梵行 所言 誠諦 常以軟語 眷屬 不離 善
和諍訟 言必饒益 不嫉不恚 正見衆生 來生其國

　　如是 寶積 菩薩 隨其直心 則能發行 隨其發行 則得深心 隨其深
心 則意調伏 隨其調伏 則如說行 隨如說行 則能廻向 隨其廻向 則
有方便 隨其方便 則成就衆生 隨成就衆生 則佛土淨 隨佛土淨 則
說法淨 隨說法淨 則智慧淨 隨智慧淨 則其心淨 隨其心淨 則一切
功德 淨 是故 寶積 若菩薩 欲得淨土 當淨其心 隨其心淨 則佛土淨

　　爾時 舍利弗 承佛威神 作是念 若菩薩 心淨則佛土淨者 我世尊
本爲菩薩時 意豈不淨 而是佛土不淨 若此

　　佛知其念 卽告之言 於意云何 日月 豈不淨耶 而盲者不見 對曰
不也 世尊 是盲者過 非日月咎 舍利弗 衆生罪過 不見如來國土嚴
淨 非如來咎 舍利弗 我此土淨 而汝不見

　　爾時 螺髻梵王 語舍利弗 勿作是念 謂此佛土 以爲不淨 所以者
何 我見釋迦牟尼佛土淸淨 譬如自在天宮 舍利弗 言 我見此土 丘
陵坑坎 荊棘沙礫 土石諸山 穢惡 充滿 螺髻梵王 言仁者 心有高下
不依佛慧故 見此土爲不淨耳 舍利弗 菩薩 於一切衆生 悉皆平等

深心淸淨 依佛智慧 則能見此佛土淸淨

於是 佛 以足指 按地 卽時三千大千世界 若千百千珍寶嚴飾 譬如寶莊嚴佛 無量功德寶莊嚴土 一切大衆 歎未曾有 而皆自見坐寶蓮華 佛告舍利弗 汝且觀是佛土嚴淨 舍利弗 言 唯然世尊 本所不見 本所不聞 今佛國土 嚴淨悉現 佛告舍利弗 我佛國土 常淨 若此 언 爲欲度斯下劣人故 示是衆惡不淨土耳 譬如諸天 共寶器食 隨其福德 飯色 有異 如是 舍利弗 若人心淨 便見此土功德莊嚴

當佛現此國土嚴淨之時 寶積所將五百長者子 皆得無生法忍 八萬四千人 皆發阿耨多羅三藐三菩提心 佛攝神足 於是世界 還復如故 求聲聞乘 三萬二千 諸天及人 知有爲法 皆悉無常 遠塵離垢 得法眼淨 八千比丘 不受諸法 漏盡意解

二. 方便品

爾時 毘耶離大城中 有長者 名 維摩詰 已曾供養無量諸佛 深植善本 得無生忍 辯才無碍 遊戲神通 逮諸總持 獲無所畏 降魔勞怨 入深法門 善於智度 通達方便 大願成就 明了衆生 心之所趣 又能分別諸根利鈍 久於佛道 心已純淑 決定大乘 諸有所作 能善思量 住佛威儀 心如大海 諸佛 咨嗟 弟子釋梵世主 所敬

欲度人故 以善方便 居毘耶離 資財無量 攝諸貧民 奉戒淸淨 攝諸毀禁 以忍調行 攝諸恚怒 以大精進 攝諸懈怠 一心禪寂 攝諸亂意 以決定慧 攝諸無智 雖爲白衣 奉持沙門淸淨律行 雖處居家 不

着三界 示有妻子 常修梵行 現有眷屬 常樂遠離 雖服寶飾而以相
好嚴身 雖復飲食而以禪悅爲味 若至博奕戲處 輒以度人 受諸異道
不毀正信 雖明世典 常樂佛法 一切見敬 爲供養中最 執持正法 攝
諸長幼 一切治生 諧偶 雖獲俗利 不以喜悅 遊諸四衢 饒益衆生 入
治正法 救護一切 入講論處 導以大乘 入諸學堂 誘開童蒙 入諸婬
舍 示欲之過 入諸酒肆 能立其志

若在長者 長者中 尊 爲說勝法 若在居士 居士中 尊 斷其貪着 若
在刹利 刹利中 尊 敎以忍辱 若在婆羅門 婆羅門中 尊 除其我慢 若
在大臣 大臣中 尊 敎以正法 若在王子 王子中 尊 示以忠孝 若在內
官 內官中 尊 化正宮女 若在庶民 庶民中 尊 令興福力 若在梵天
梵天中 尊 誨以勝慧 若在帝釋 帝釋中 尊 示現無常 若在護世 護世
中 尊 護諸衆生 長者維摩詰 以如是等無量方便 饒益衆生

其以方便 現身有疾 以其疾故 國王·大臣 長者·居士·婆羅門等 及
諸王子 並餘官屬無數千人 皆往問疾 其往者를 維摩詰 因以身疾
廣爲說法 諸仁者 是身 無常·無强 無力·無堅 速朽之法 不可信也
爲苦爲惱 衆病所集 諸仁者 如此身 明智者 所不怙 是身 如聚沫 不
可撮摩 是身 如泡 不得久立 是身 如焰 從渴愛生 是身 如芭蕉 中
無有堅 是身 如幻 從顚倒起 是身 如夢 爲虛妄見 是身 如影 從業
緣現 是身 如響 屬諸因緣 是身 如浮雲 須臾變滅 是身 如電 念念
不住 是身 無主 爲如地 是身 無我 爲如火 是身 無壽 爲如風 是身
無人 爲如水 是身 不實 四大爲家 是身 爲空 離我我所 是身 無知
如草木瓦礫 是身 無作 風力所轉 是身 不淨 穢惡 充滿 是身 爲虛
僞 雖假以澡浴衣食 必歸磨滅 是身 爲災 百一病惱 是身 如丘井 爲
老所逼 是身 無定 爲要當死 是身 如毒蛇 如怨賊 如空聚 陰·界·諸

入 所共成

　諸仁者 此可患厭 當樂佛身 所以者何 佛身者 卽法身也 從無量
功德·智慧生 從戒·定·慧·解脫·解脫知見生 從慈·悲·喜·捨生 從布
施·持戒·忍辱·柔和 勤行精進·禪定·解脫·三昧 多聞·智慧諸波羅蜜
生 從方便生 從六通生 從三明生 從三十七道品生 從止觀生 從十
力·四無所畏·十八不共法生 從斷一切不善法 集一切善法生 從眞
實生 從不放逸生 從如是無量淸淨法 生如來身 諸仁者 欲得佛身
斷一切衆生病者 當發阿耨多羅三藐三菩提心 如是 長者維摩詰 爲
諸問疾者 如應說法 令無數千人 皆發阿耨多羅三藐三菩提心

三. 弟子品

　爾時 長者維摩詰 自念寢疾於牀 世尊 大慈 寧不垂愍 佛知其意
卽告舍利弗 汝行詣維摩詰 問疾 舍利弗 白佛言 世尊 我不堪任詣
彼問疾 所以者何 憶念 我昔 曾於林中 宴坐樹下 時 維摩詰 來謂我
言 唯舍利弗 不必是坐 爲宴坐也 夫宴坐者 不於三界 現身意 是爲
宴坐 不起滅定 而現諸威儀 是爲宴坐 不捨道法 而現凡夫事 是爲
宴坐 心不住內 亦不在外 是爲宴坐 於諸見 不動 而修行三十七道
品 是爲宴坐 不斷煩惱 而入涅槃 是爲宴坐 若能如是坐者 佛所印
可 時我世尊 聞是語 黙然而止 不能加報 故我不任詣彼問疾

　佛告大目健連 汝行詣維摩詰問疾 目連 白佛言 世尊 我不堪任
詣彼問疾 所以者何 憶念 我昔 入毘耶離大城 於里巷中 爲諸居士
說法 時 維摩詰 來謂我言 唯大目連 爲白衣居士說法 不當如仁者

所說 夫說法者 當如法說 法無衆生 離衆生垢故 法無有我 離我垢
故 法無壽命 離生死故 法無有人 前後除斷故 法常寂然 滅諸相故
法離於相 無所緣故 法無名字 言語斷故 法無有說 離覺觀故 法無
形相 如虛空故 法無戲論 畢竟空故 法無我所 離我所故 法無分別
離諸識故 法無有比 無相待故 法不屬因 不在緣故 法同法性 入諸
法故 法隨於如 無所隨故 法住實際 諸邊不動故 法無動搖 不依六
塵故 法無去來 常不住故 法順空隨無相 應無作 法離好醜 法無增
損 法無生滅 法無所歸 法過眼·耳·鼻·舌·身·心 法無高下 法 常住不
動 法離一切觀行 唯大目連 法相如是 豈可說乎 夫說法者 無說無
示 其聽法者 無聞無得 譬如幻士 爲幻人說法 當建是意 而爲說法
當了衆生 根有利鈍 善於知見 無所罣碍 以大悲心 讚於大乘 念報
佛恩 不斷三寶然後說法 維摩詰 說是法時 八百居士 發阿耨多羅
三藐三菩提心 我無此辯 是故 不任詣彼問疾

　　佛告大迦葉되 汝行詣維摩詰問疾 迦葉 白佛言 世尊 我不堪任
詣彼問疾 所以者何 憶念 我昔 於貧里而行乞 時 維摩詰 來謂我言
唯大迦葉 有慈悲心 而不能普 捨豪富 從貧乞 迦葉 住平等法 應次
行乞食 爲不食故 應行乞食 爲壞和合相故 應取摶食 爲不受故 應
受彼食 以空聚想 入於聚落 所見色 與盲等 所聞聲 與響等 所嗅香
與風等 所食味 不分別 受諸觸 如智證 知諸法 如幻相 無自性 無他
性 本自不然 今則無滅 迦葉 若能不捨八邪 入八解脫 以邪相 入正
法 以一食 施一切 供養諸佛 及衆賢聖然後 可食 如是食者 非有煩
惱 非離煩惱 非入定意 非起定意 非住世間 非住涅槃 其有施者 無
大福·無小福 不爲益 不爲損 是爲正入佛道 不依聲聞 迦葉 若如是
食 不爲空食人之施也 時我世尊 聞說是語 得未曾有 卽於一切菩
薩 深起敬心 復作是念 斯有家名 辯才智慧 乃能如是 其誰不發阿

耨多羅三藐三菩提心 我從是來 不復勸人以聲聞辟支佛行 是故 不
任詣彼問疾

佛告須菩提 汝行詣維摩詰問疾 須菩提白佛言 世尊 我不堪任詣
彼問疾 所以者何 憶念 我昔 入其舍 從乞食 時 維摩詰 取我鉢 盛
滿飯 謂我言 唯須菩提 若能於食 等者 諸法 亦等 諸法 等者 於食
亦等 如是行乞 乃可取食 若須菩提 不斷淫·怒·痴 亦不與俱 不壞於
身 而隨一相 不滅痴愛 起於明脫 以五逆相 而得解脫 亦不解不縛
不見四諦 非不見諦 非得果 非不得果 非凡夫 非離凡夫法 非聖人
非不聖人 雖成就一切法 而離諸法相 乃可取食 若須菩提 不見佛
不聞法 彼外道六師 富蘭那迦葉 末伽梨拘賖梨子 刪闍夜毘羅胝子
阿耆多翅舍欽婆羅 迦羅鳩馱迦旃延 尼犍陀若提子等 是汝之師 因
其出家 彼師所墮 汝亦隨墮 乃可取食?求? 若須菩提 入諸邪見 不
到彼岸 住於八難 不得無難 同於煩惱 離清淨法 汝得無諍三昧 一
切衆生 亦得是定 其施汝者 不名福田 供養汝者 墮三惡道 爲與衆
魔 共一手 作諸勞侶 汝與衆魔 及諸塵勞 等無有異 於一切衆生 而
有怨心 謗諸佛 毁於法 不入衆數 終不得滅度. 汝若如是 乃可取食
時我世尊 聞此茫然 不識是何言 不知以何答 便置鉢 欲出其舍 維
摩詰 言 唯須菩提 取鉢勿懼 於意云何 如來所作化人 若以是事詰
寧有懼不 我言不也 維摩詰 言 一切諸法 如幻化相 汝今 不應有所
懼也 所以者何 一切言說 不離是相 至於智者 不着文字故 無所懼
何以故 文字性離 無有文字 是則解脫 解脫相者 卽諸法也 維摩詰
說是法時 二百天子 得法眼淨 我故不任詣彼問疾

佛告富樓那彌多羅尼子 汝行詣維摩詰問疾 富樓那 白佛言 世尊
我不堪任詣彼問疾 所以者何 憶念 我昔 於大林中 在一樹下 爲諸

新學比丘說法 時 維摩詰 來謂我言 唯富樓那 先當入定 觀此人心
然後 說法 無以穢食 置於寶器 當知是比丘心之所念 無以琉璃 同
於水精 汝不能知衆生根源 無得發起以小乘法 彼自無瘡 勿傷之也
欲行大道 莫示小徑 無以大海 內於牛跡 無以日光 等彼螢火 富樓
那 此比丘 久發大乘心 中忘此意 如何以小乘法 而敎導之 我觀小
乘 智慧微賤 猶如盲人 不能分別一切衆生 根之利鈍 時 維摩詰 卽
入三昧 令此比丘 自識宿命 曾於五百佛所 植衆德本 廻向阿耨多
羅三藐三菩提 卽時豁然 還得本心 於是 諸比丘 稽首禮維摩詰足
時 維摩詰 因爲說法 令阿耨多羅三藐三菩提 不復退轉 我念聲聞
不觀人根 不應說法 是故 不任詣彼問疾

佛告摩訶迦旃延 汝行詣維摩詰問疾 迦旃延 白佛言 世尊 我不
堪任詣彼問疾 所以者何 憶念 昔者 佛爲諸比丘 略說法要 我卽於
後 敷演其義 謂無常義 苦義 空義 無我義 寂滅義 時 維摩詰 來謂
我言 唯迦旃延 無以生滅心行 說實相法 迦旃延 諸法 畢竟 不生不
滅 是無常義 五受陰 洞達 空無所起 是苦義 諸法 究竟無所有 是空
義 於我無我 而不二 是無我義 法本不然 今則無滅 是寂滅義 說
是法時 彼諸比丘 心得解脫 故我不任詣彼問疾

佛告阿那律 汝行詣維摩詰問疾 阿那律 白佛言 世尊 我不堪任
詣彼問疾 所以者何 憶念 我昔 於一處經行 時有梵王 名曰 嚴淨 與
萬梵俱 放淨光明 來詣我所 稽首作禮 問我言 幾何阿那律 天眼所
見 我卽答言 仁者 我見此釋迦牟尼佛土三千大千世界을 如觀掌中
庵摩勒果 時 維摩詰 來謂我言 唯阿那律 天眼所見 爲作相耶 無作
相耶 假使作相 則與外道五通 等 若無作相 卽時無爲 不應有見 世
尊 我時默然 彼諸梵 聞其言 得未曾有 卽爲作禮 而問曰 世孰有眞

天眼者 維摩詰 言 有佛世尊 得眞天眼 常在三昧 悉見諸佛國 不以
二相 於是 嚴淨梵王 及其眷屬五百梵天 皆發阿耨多羅三藐三菩提
心 禮維摩詰足已 忽然不現 故我不任詣彼問疾

佛告優波離 汝行詣維摩詰問疾 優波離 白佛言 世尊 我不堪任
詣彼問疾 所以者何 憶念 昔者 有二比丘 犯律行 以爲恥 不敢問佛
來問我言 唯優波離 我等 犯律 誠以爲恥 不敢問佛 願解疑悔 得免
斯咎 我卽爲其如法解說 時 維摩詰 來謂我言 唯優波離 無重增此
二比丘罪 當直除滅 勿擾其心 所以者何 彼罪性 不在內 不在外 不
在中間 如佛所說 心垢故 衆生 垢 心淨故 衆生 淨 心亦不在內 不
在外 不在中間 如其心然 罪垢亦然 諸法亦然 不出於如 如優波離
以心相 得解脫時 寧有垢不 我言不也 維摩詰 言 一切衆生 心相無
垢 亦復如是 唯優波離 妄想 是垢 無妄想 是淨 顚倒是垢 離顚倒
是淨 取我是垢 不取我是淨 優波離 一切法 生滅不住함 如幻如電
諸法 不相待 乃至一念 不住 諸法 皆妄見 如夢如燄 如水中月 如
鏡中像 以妄想生 其知此者 是名奉律 其知此者 是名善解 於是 二
比丘言 上智哉 是優波離 所不能及 持律之上 而不能說 我答言 自
捨如來코 未有聲聞及菩薩 能制其樂說之辯 其智慧明達 爲若此也
時 二比丘疑悔卽除 發阿耨多羅三藐三菩提心 作是願言 令一切衆
生 皆得是辯 故我不任詣彼問疾

佛告羅睺羅 汝行詣維摩詰問疾 羅睺羅 白佛言 世尊 我不堪任
詣彼問疾 所以者何 憶念 昔時 毗耶離諸長者子 來詣我所 稽首作
禮 問我言 唯羅睺羅 汝 佛之子 捨轉輪王位 出家爲道 其出家者 有
何等利 我卽如法 爲說出家功德之利 時 維摩詰 來謂我言 唯羅睺
羅 不應說出家功德之利 所以者何 無利無功德 是爲出家 有爲法

者 可說有利有功德 夫出家者 爲無爲法 無爲法中 無利無功德 羅
睺羅 夫出家者 無彼無此 亦無中間 離六十二見 處於涅槃 智者所
受 聖所行處 降伏衆魔 度五道 淨五眼 得五力 立五根 不惱於彼 離
衆雜惡 摧諸外道 超越假名 出淤泥 無繫着 無我所 無所受 無擾亂
內懷喜 護彼意 隨禪定 離衆過 若能如是 是眞出家 於是 維摩詰 語
諸長者子 汝等 於正法中 宜共出家 所以者何 佛世難値 諸長者子
言 居士 我聞佛言 父母不聽 不得出家 維摩詰 言 然 汝等 便發阿
耨多羅三藐三菩提心 是卽出家 是卽具足 爾時 三十二長者子 皆
發阿耨多羅三藐三菩提心 故我不任詣彼問疾

佛告阿難 汝行詣維摩詰問疾 阿難 白佛言 世尊 我不堪任詣彼
問疾 所以者何 憶念 昔時 世尊 身小有疾 當用牛乳 我卽持鉢 詣大
婆羅門家 門下立 時 維摩詰 來謂我言 唯阿難 何爲晨朝 持鉢住此
我言居士 世尊 身小有疾 當用牛乳 故來至此 維摩詰 言止止 阿難
莫作是語 如來身者 金剛之體 諸惡 已斷 衆善 普會 當有何疾 當有
何惱 黙往 阿難 勿謗如來 莫使異人 聞此麤言 無令大威德諸天 及
他方淨土諸來菩薩 得聞斯語 阿難 轉輪聖王 以少福故 尙得無病
豈況如來 無量福會普勝者哉 行矣 阿難 勿使我等 受斯恥也 外道
梵志 若聞此語 當作是念 何名爲師 自疾 不能救 而能救諸疾 仁 可
密速去 勿使人聞 當知 阿難 諸如來身 卽是法身 非思欲身 佛爲世
尊 過於三界 佛身 無漏 諸漏已盡 佛身 無爲 不墮諸數 如此之身
當有何疾 時我世尊 實懷慚愧 得無近佛而謬聽耶더 卽聞空中聲
曰阿難 如居士言 但爲佛出五濁惡世 現行斯法 度脫衆生 行矣 阿
難 取乳勿慚엿 世尊 維摩詰 智慧辯才 爲若此也 是故 不任詣彼問
疾 如是五百大弟子 各各向佛 說其本緣 稱述維摩詰所言 皆曰不
任詣彼問疾

四. 菩薩品

　　於是 佛告彌勒菩薩 汝行詣維摩詰問疾 彌勒 白佛言 世尊 我不堪任詣彼問疾 所以者何 憶念 我昔 爲兜率天王 及其眷屬 說不退轉地之行 時 維摩詰 來謂我言 彌勒 世尊 授仁者記 一生 當得阿耨多羅三藐三菩提 爲用何生 得受記乎 過去耶 未來耶 現在耶 若過去生 過去生 已滅 若未來生 未來生 未至 若現在生 現在生 無住 如佛所說 比丘 汝今卽時 亦生亦老亦滅 若以無生 得受記者 無生卽是正位 於正位中 亦無受記 亦無得阿耨多羅三藐三菩提 云何彌勒 受一生記乎 爲從如生 得受記耶 爲從如滅 得受記耶 若以如生 得受記者 如無有生 若以如滅 得受記者 如無有滅 一切衆生 皆如也 一切法 亦如也 衆聖賢 亦如也 至於彌勒 亦如也 若彌勒 得受記者 一切衆生 亦應受記 所以者何 夫如者 不二不異 若彌勒 得阿耨多羅三藐三菩提者 一切衆生 皆亦應得 所以者何 一切衆生 卽菩提相 若彌勒 得滅度者 一切衆生 亦當滅度 所以者何 諸佛 知一切衆生 畢竟寂滅 卽涅槃相 不復更滅 是故 彌勒 無以此法 誘諸天子 實無發阿耨多羅三藐三菩提心者 亦無退者 彌勒 當令此諸天子 捨於分別菩提之見 所以者何 菩提者 不可以身得 不可以心得 寂滅是菩提 滅諸相故 不觀 是菩提 離諸緣故 不行 是菩提 無憶念故 斷是菩提 捨諸見故 離 是菩提 離諸妄想故 障 是菩提 障諸願故 不入是菩提 無貪着故 順 是菩提 順於如故 住 是菩提 住法性故 至 是菩提 至實際故 不二 是菩提 離意法故 等 是菩提 等虛空故 無爲是菩提 無生住滅故 知 是菩提 了衆生心行故 不會 是菩提 諸入不會故 不合 是菩提 離煩惱習故 無處 是菩提 無形色故 假名 是菩提 名字空故 如化 是菩提 無取捨故 無亂 是菩提 常自靜故 善寂 是菩提 性淸淨故 無取 是菩提 離攀緣故 無異 是菩提 諸法等故 無比

是菩提 無叵喻故 微妙 是菩提 諸法 難知故 世尊 維摩詰 說是法時
二百天子 得無生法忍 故我不任詣彼問疾

佛告光嚴童子 汝行詣維摩詰問疾 光嚴 白佛言 世尊 我不堪任
詣彼問疾 所以者何 憶念 我昔 出毘耶離大城 時 維摩詰 方入城
我卽爲作禮 而問言居士 從何所來 答我言 吾從道場來 我問道場
者 何所是 答曰 直心 是道場 無虛假故 發行 是道場 能辨事故 深
心 是道場 增益功德故 菩提心 是道場 無錯謬故 布施 是道場 不望
報故 持戒 是道場 得願具故 忍辱 是道場 於諸衆生 心無碍故 精進
是道場 不懈怠故 禪定 是道場 心調柔故 智慧 是道場 現見諸法故
慈 是道場 等衆生故 悲 是道場 忍疲苦故 喜 是道場 悅樂法故 捨
是道場 憎愛斷故 神通 是道場 成就六通故 解脫 是道場 能背捨故
方便 是道場 敎化衆生故 四攝 是道場 攝衆生故 多聞 是道場 如
聞行故 伏心 是道場 正觀諸法故 三十七品 是道場 捨有爲法故 四
諦 是道場 不誑世間故 緣起 是道場 無明 乃至老死 皆無盡故 諸煩
惱 是道場 知如實故 衆生 是道場 知無我故 一切法 是道場 知諸法
空故 降魔 是道場 不傾動故 三界 是道場 無所趣故 獅子吼 是道場
無所畏故 力無畏 不共法 是道場 無諸過故 三明 是道場 無餘碍故
一念 知一切法 是道場 成就一切智故 如是善男子 菩薩 若應諸波
羅密 敎化衆生 諸有所作 擧足下足 當知皆從道場來 住於佛法矣
說是法時 五百天人 皆發阿耨多羅三藐三菩提心 故我不任詣彼問
疾

佛告持世菩薩 汝行詣維摩詰問疾 持世 白佛言 世尊 我不堪任
詣彼問疾 所以者何 憶念 我昔 住於靜室 時 魔波旬 從萬二千天女
狀如帝釋 鼓樂絃歌 來詣我所 與其眷屬 稽首我足 合掌恭敬 於一

面立 我意謂是帝釋 而語之言 善來 憍尸迦 雖福應有 不當自恣 當
觀五欲無常 以求善本 於身命財 而修堅法 卽語我言 正士 受是萬
二千天女 可備掃灑 我言憍尸迦 無以此非法之物 要我沙門釋子
此非我宜 所言 未訖 時 維摩詰 來謂我言 非帝釋也 是爲魔來 嬈
固汝耳 卽語魔言 是諸女等 可以與我 如我應受 魔卽驚懼 念 維摩
詰 將無惱我일 欲隱形去 而不能隱 盡其神力 亦不得去 卽聞空中
聲 曰波旬 以女與之 乃可得去 魔以畏故 俛仰而與 爾時 維摩詰 語
諸女言 魔以汝等 與我 今汝 皆當發阿耨多羅三藐三菩提心 卽隨
所應 而爲說法 令發道意 復言汝等 已發道意 有法樂可以自娛 不
應復樂五欲樂也 天女卽問 何謂法樂 答言 樂常信佛 樂欲聽法 樂
供養衆 樂離五欲 樂觀五陰 如怨賊 樂觀四大毒蛇 樂觀內入 如空
聚 樂隨護道意 樂饒益衆生 樂敬養師 樂廣行施 樂堅持戒 樂忍辱
柔和 樂勤集善根 樂禪定不亂 樂離垢明慧 樂廣菩提心 樂降伏衆
魔 樂斷諸煩惱 樂淨佛國土 樂成就相好故 修諸功德 樂莊嚴道場
樂聞深法不畏 樂三脫門 不樂非時 樂近同學 樂於非同學中 心無
恚碍 樂將護惡知識 樂親近善知識 樂心喜淸淨 樂修無量道品之法
是爲菩薩法樂 於是 波旬 告諸女言 我欲與汝 俱還天宮乊 諸女言
以我等 與此居士 有法樂 我等 甚樂 不復樂五欲樂也 魔言居士 可
捨此女 一切所有를 施於彼者 是爲菩薩 維摩詰 言 我已捨矣 汝便
將去 令一切衆生 得法願具足 於是 諸女 問維摩詰 我等 云何止於
魔宮 維摩詰 言 諸娣 有法門 名無盡燈 汝等 當學 無盡燈者 譬如
一燈 燃百千燈 冥者皆明 明終不盡 如是 諸娣 夫一菩薩 開導百千
衆生 令發阿耨多羅三藐三菩提心 於其道 亦不滅盡 隨所說法 而
自增益一切善法 是名無盡燈也 汝等 雖住魔宮 以是無盡燈 令無
數天子天女 發阿耨多羅三藐三菩提心者 爲報佛恩 亦大饒益一切
衆生 爾時 天女 頭面禮維摩詰足 隨魔還宮 忽然不現 世尊 維摩詰

有如是自在神力 智慧辯才 故我不任詣彼問疾

佛告長者子善德 汝行詣維摩詰問疾 善德 白佛言 世尊 我不堪
任詣彼問疾 所以者何 憶念 我昔 自於父舍 設大施會 供養一切沙
門婆羅門 及諸外道 貧窮下賤 孤獨乞人 期滿七日 時 維摩詰 來入
會中 謂我言 長者子 夫大施會 不當如汝所設 當爲法施之會 何用
是財施會爲 我言居士 何謂法施之會 法施會者 無前無後 一時供
養一切衆生 是名法施之會? 炎? 曰何謂也 謂以菩提 起於慈心 以
救衆生 起大悲心 以持正法 起於喜心 以攝智慧 行於捨心 以攝慳
貪 起檀波羅蜜 以化犯戒 起尸羅波羅蜜 以無我法 起羼提波羅蜜
以離身心相 起毘離耶波羅蜜 以菩提相 起禪波羅蜜 以一切智 起
般若波羅蜜 敎化衆生 而起於空 不捨有爲法 而起無相 示現受生
而起無作 護持正法 起方便力 以度衆生 起四攝法 以敬事一切 起
除慢法 於身命財 起三堅法 於六念中 起思念法 於六和敬 起質直
心 正行善法 起於淨命 心淨歡喜 起近賢聖 不憎惡人 起調伏心 以
出家法 起於深心 以如說行 起於多聞 以無諍法 起空閑處 趣向佛
慧 起於宴坐 解衆生縛 起修行地 以具相好 及淨佛土 起福德業 知
一切衆生心念 如應說法 起於智業 知一切法 不取不捨 入一相門
起於慧業 斷一切煩惱 一切障礙 一切不善法 起一切善業 以得一
切智慧 一切善法 起於一切助佛道法 如是 善男子 是爲法施之會
若菩薩 住是法施會者 爲大施主 亦爲一切世間福田 世尊 維摩詰
說是法時 婆羅門衆中二百人 皆發阿耨多羅三藐三菩提心 我時 心
得淸淨 歎未曾有 稽首禮維摩詰足 卽解瓔珞價直百千 以上之 不
肯取 我言居士 願必納受 隨意所與 維摩詰 乃受瓔珞 分作二分 持
一分 施此會中一最下乞人 持一分 奉彼難勝如來 一切衆會 皆見
光明國土 難勝如來 又見珠瓔 在彼佛上 變成四柱寶臺 四面嚴飾

不相障蔽 時 維摩詰 現神變已 又作是言 若施主 等心 施一最下乞
人 猶如如來福田之相 無所分別 等於大悲 不求果報 是則名曰具
足法施 城中一最下乞人 見是神力 聞其所說 皆發阿耨多羅三藐三
菩提心 故我不任詣彼問疾 如是諸菩薩 各各向佛 說其本緣 稱述
維摩詰所言 皆曰不任詣彼問疾

五. 文殊師利問疾品

爾時 佛告文殊師利 汝行詣維摩詰問疾 文殊師利 白佛言 世尊
彼上人者 難爲詶對 深達實相 善說法要 辯才無滯 智慧無碍 一切
菩薩 法式 悉知 諸佛秘藏 無不得入 降伏衆魔 遊戲神通 其慧方便
皆已得度 雖然 當承佛聖旨 詣彼問疾

於是衆中 諸菩薩大弟子 釋梵四天王 咸作是念 今二大士文殊師
利 維摩詰 共談 必說妙法 卽時八千菩薩 五百聲聞 百千天人 皆欲
隨從 於是 文殊師利 與諸菩薩大弟子衆 及諸天人 恭敬圍繞 入毘
耶離大城

爾時 長者維摩詰 心念 今文殊師利 與大衆俱來 卽以神力 空其
室內 除去所有 及諸侍者 唯置一牀 以疾而臥

文殊師利 旣入其舍 見其室空 無諸所有 獨寢一牀 時 維摩詰 言
善來文殊師利 不來相而來 不見相而見 文殊師利言 如是 居士 若
來已 更不來 若去已 更不去 所以者何 來者 無所從來 去者 無所至
所可見者 更不可見 且置是事 居士 是疾 寧可忍不 療治有損 不至

增乎 世尊 殷勤致問無量 居士 是疾 何所因起 其生 久如 當云何滅
維摩詰 言 從痴有愛 則我病生 以一切眾生 病 是故 我病 若一切眾
生 得不病者 則我病滅 所以者何 菩薩 爲眾生故 入生死 有生死則
有病 若眾生 得離病者 則菩薩 無復病 譬如長者 唯有一子 其子得
病 父母亦病 若子病愈 父母亦愈 菩薩 如是 於諸眾生 愛之若子 眾
生 病則菩薩 病 眾生 病愈 菩薩 亦愈 又言是疾 何所因起 菩薩疾
者 以大悲起

文殊師利言 居士 此室 何以空無侍者 維摩詰 言諸佛國土 亦復
皆空 又問以何爲空 答曰以空 空 又問空何用空 答曰以無分別空
故 空 又問空可分別耶 答曰分別 亦空 又問空當於何求 答曰當於
六十二見中 求 又問六十二見 當於何求 答曰當於諸佛解脫中求
又問諸佛解脫 當於何求 答曰當於一切眾生心行中求 又仁 所問何
無侍者 一切眾魔 及諸外道 皆吾侍也 所以者何 眾魔者 樂生死 菩
薩 於生死 而不捨 外道者 樂諸見 菩薩 於諸見 而不動

文殊師利言居士所疾 爲何等相 維摩詰 言 我病 無形不可見 又
問此病 身合耶 心合耶 答曰非身合 身相離故 亦非心合 心如幻故
又問地大·水大·火大·風大 於此四大 何大之病 答曰是病 非地大 亦
不離地大 水·火·風大 亦復如是 而眾生病 從四大起 以其有病 是故
我病

爾時 文殊師利 問維摩詰言 菩薩 應云何慰喩有疾菩薩 維摩詰
言 說身無常 不說厭離於身 說身有苦 不說樂於涅槃 說身無我 而
說敎導眾生 說身空寂 不說畢竟寂滅 說悔先罪 而不說入於過去
以己之疾 愍於彼疾 當識宿世無數劫苦 當念饒益一切眾生 憶所修

福 念於淨命 勿生憂惱 常起精進 當作醫王 療治衆病 菩薩 應如是
慰喩有疾菩薩 令其歡喜

　文殊師利言居士 有疾菩薩 云何調伏其心 維摩詰 言有疾菩薩
應作是念 今我此病 皆從前世妄想顚倒諸煩惱生 無有實法 誰受病
者뇨 所以者何 四大合故 假名爲身 四大無主 身亦無我 又此病起
皆由着我 是故 於我 不應生着

　旣知病本 卽除我想及衆生想 當起法想 應作是念 但以衆法 合
成此身 起唯法起 滅唯法滅 又此法者 各不相知 起時 不言我起 滅
時 不言我滅

　彼有疾菩薩 爲滅法想 當作是念 此法想者 亦是顚倒 顚倒者 卽
是大患 我應離之 云何爲離 離我我所 云何離我我所 謂離二法 云
何離二法 謂不念內外諸法 行於平等 云何平等 謂我等涅槃等 所
以者何 我及涅槃 此二皆空 以何爲空 但以名字故 空 如此二法 無
決定性

　得是平等 無有餘病 唯有空病 空病 亦空 是有疾菩薩 以無所受
而受諸受 未具佛法 亦不滅受而取證也

　設身有苦 念惡趣衆生 起大悲心 我旣調伏 亦當調伏一切衆生
但除其病 而不除法 爲斷病本而敎導之 何謂病本 謂有攀緣 從有
攀緣 則爲病本 何所攀緣 謂之三界 云何斷攀緣 以無所得 若無所
得 則無攀緣 何謂無所得 謂離二見 何謂二見 謂內見外見 是無所
得 文殊師利 是爲有疾菩薩 調伏其心 爲斷老病死苦 是菩薩菩提

若不如是 已所修治 爲無慧利 譬如勝怨 乃可爲勇 如是兼除老病
死者 菩薩之謂也

彼有疾菩薩 應復作是念 如我此病 非眞非有 衆生病 亦非眞非
有 作是觀時 於諸衆生 若起愛見大悲 卽應捨離 所以者何 菩薩 斷
除客塵煩惱而起大悲 愛見悲者 則於生死 有疲厭心 若能離此 無
有疲厭 在在所生 不爲愛見之所覆也 所生無縛 能爲衆生 說法解
縛 如佛所說 若自有縛 能解彼縛 無有是處 若自無縛 能解彼縛 斯
有是處 是故 菩薩 不應起縛 何謂縛 何謂解 貪着禪味 是菩薩縛 以
方便生 是菩薩解

又無方便 慧 縛 有方便 慧 解 無慧 方便 縛 有慧 方便 解 何謂
無方便慧縛 謂菩薩 以愛見心 莊嚴佛土 成就衆生려 於空無相無
作法中 而自調伏 是名無方便慧縛 何謂有方便慧解 謂不以愛見心
莊嚴佛土 成就衆生려 於空無相無作法中 以自調伏 而不疲厭 是
名有方便慧解 何謂無慧方便 縛 謂菩薩 住貪欲瞋恚邪見等諸煩惱
而植衆德本 是名無慧方便縛 何謂有慧方便解 謂離諸貪欲瞋恚邪
見等諸煩惱而植衆德本 廻向阿耨多羅三藐三菩提 是名有慧方便
解 文殊師利 彼有疾菩薩 應如是觀諸法

又復觀身 無常苦空非我 是名爲慧 雖身有疾 常在生死 饒益一
切 而不厭疲 是名方便 又復觀身 身不離病 病不離身 是病是身 非
新非故 是名爲慧 設身有疾 而不永滅 是名方便 文殊師利 有疾菩
薩 應如是調伏其心 不住其中 亦復不住不調伏中 所以者何 若住
不調伏心 是愚人法 若住調伏心 是聲聞法 是故 菩薩 不當住於調
伏·不調伏心 離此二法 是菩薩行

在於生死 不爲汚行 住於涅槃 不永滅度 是菩薩行 非凡夫行 非
聖賢行 是菩薩行 非垢行非淨行 是菩薩行 雖過魔行 而現降伏衆
魔 是菩薩行 求一切智 無非時求 是菩薩行 雖觀諸法不生 而不入
正位 是菩薩行 雖觀十二緣起 而入諸邪見 是菩薩行 雖攝一切衆
生 而不愛着 是菩薩行 雖樂遠離 而不依身心盡 是菩薩行 雖行三
界 而不壞法性 是菩薩行 雖行於空 而植衆德本 是菩薩行 雖行無
相 而度衆生 是菩薩行 雖行無作 而現受生 是菩薩行 雖行無起 而
起一切善行 是菩薩行 雖行六波羅密 而遍知衆生 心心數法 是菩
薩行 雖行六通 而不盡漏 是菩薩行 雖行四無量心 而不貪着生於
梵世 是菩薩行 雖行禪定解脱三昧 而不隨禪生 是菩薩行 雖行四
念處 不畢竟永離身受心法 是菩薩行 雖行四正勤 而不捨身心精進
是菩薩行 雖行四如意足 而得自在神通 是菩薩行 雖行五根 而分
別衆生 諸根利鈍 是菩薩行 雖行五力 而樂求佛十力 是菩薩行 雖
行七覺分 而分別佛之智慧 是菩薩行 雖行八正道 而樂求無量佛道
是菩薩行 雖行止觀助道之法 而不畢竟 墮於寂滅 是菩薩行 雖行
諸法不生不滅 而以相好 莊嚴其身 是菩薩行 雖現聲聞辟支佛威儀
而不捨佛法 是菩薩行 雖隨諸法究竟淨相 而隨所應 爲現其身 是
菩薩行 雖觀諸佛國土 永寂如空 而現種種淸淨佛土 是菩薩行 雖
得佛道 轉於法輪 入於涅槃 而不捨於菩薩之道 是菩薩行 說是語
時 文殊師利所將大衆 其中八千天子 皆發阿耨多羅三藐三菩提心

六. 不思議品

爾時 舍利弗 見此室中 無有牀座 作是念 斯諸菩薩大弟子衆 當
於何座어 長者維摩詰 知其意 語舍利弗言 云何仁者 爲法來耶 求

牀座耶 舍利弗 言 我爲法來 非爲牀座 維摩詰 言 唯舍利弗 夫求法
者 不貪軀命 何況牀座 夫求法者 非有色受想行識之求 非有界入
之求 非有欲色·無色之求 唯舍利弗 夫求法者 不着佛求 不着法求
不着衆求 夫求法者 無見苦求 無斷集求 無造盡證修道之求 所以
者何 法無戲論 若言我當見苦斷集 證滅修道 是則戲論 非求法也
唯舍利弗 法名寂滅 若行生滅 是求生滅 非求法也 法名無染 若染
於法 乃至涅槃 是則染着 非求法也 法無行處 若行於法 是則行處
非求法也 法無取捨 若取捨法 是則取捨 非求法也 法無處所 若着
處所 是則着處 非求法也 法名無相 若隨相識 是則求相 非求法也
法不可住 若住於法 是則住法 非求法也 法不可見聞覺知 若行見
聞覺知 是則見聞覺知 非求法也 法名無爲 若行有爲 是求有爲 非
求法也 是故 舍利弗 若求法者 於一切法 應無所求 說是語時 五百
天子於諸法中 得法眼淨

爾時 長者維摩詰 問文殊師利 仁者 遊於無量千萬億阿僧祇國
何等佛土 有好上妙功德 成就獅子之座 文殊師利言 居士 東方 度
三十六恒河沙國 有世界 名 須彌相 其佛號 須彌燈王 今現在彼 佛
身 長 八萬四千由旬 其獅子座高 八萬四千由旬 嚴飾第一 於是 長
者維摩詰 現神通力 卽時彼佛 遣三萬二千獅子之座 高廣嚴淨 來
入維摩詰室 諸菩薩大弟子 釋梵四天王等 昔所未見 其室 廣博 悉
皆包容三萬二千獅子座 無所妨碍 於毘耶離城 及閻浮提四天下 亦
不迫迮 悉見如故

爾時 維摩詰 語文殊師利 就獅子座 與諸菩薩上人 俱坐 當自立
身 如彼座像 其得神通菩薩 卽自變形 爲四萬二千由旬 坐師子座
諸新發意菩薩 及大弟子 皆不能昇 爾時 維摩詰 語舍利弗 就師子

座 舍利弗 言 居士 此座高廣 吾不能昇 維摩詰 言 唯舍利弗 爲須
彌燈王如來 作禮 乃可得坐 於是 新發意菩薩 及大弟子 卽爲須彌
燈王如來作禮 更得坐師子座 舍利弗 言居士 未曾有也 如是小室
乃容受此高廣之座 於毘耶離城 無所妨礙 又於閻浮提 聚落城邑
及四天下 諸天·龍王·鬼神宮殿 亦不迫迮

維摩詰 言 唯舍利弗 諸佛菩薩 有解脫 名 不可思議 若菩薩 住是
解脫者 以須彌之高廣 內芥子中 無所增減 須彌山王 本相如故 而
四天王 忉利諸天 不覺不知己之所入되 唯應度者 乃見須彌 入芥
子中 是名不可思議解脫法門 又以四大海水 入一毛孔 不嬈魚鼈黿
鼉水性之屬 而彼大海 本性如故 諸龍鬼神 阿修羅等 不覺不知己
之所入 於此衆生 亦無所嬈 又舍利弗 住不可思議解脫菩薩 斷取
三千大千世界 如陶家輪 着右掌中 擲過恒沙世界之外 其中衆生
不覺不知己之所往 又復還置本處 都不使人 有往來想 而此世界
本相如故 又舍利弗 或有衆生 樂久住世而可度者 菩薩 卽演七日
以爲一劫 令彼衆生 謂之一劫 或有衆生 不樂久住而可度者 菩薩
卽促一劫 以爲七日 令彼衆生 謂之七日 又舍利弗 住不可思議解
脫菩薩 以一切佛土嚴飾之事 集在一國 示於衆生 又菩薩 以一切
佛土衆生 置之右掌 飛到十方 遍示一切 而不動本處 又舍利弗 十
方衆生 供養諸佛之具를 菩薩 於一毛孔 皆令得見 又十方國土 所
有日月星宿 於一毛孔 普使見之 又舍利弗 十方世界所有諸風 菩
薩 悉能吸着口中 而身不損 外諸樹木 亦不摧折 又十方世界劫盡
燒時 以一切火 內於腹中 火事如故 而不爲害 又於下方 過恒河沙
等諸佛世界 取一佛土 擧着上方 過恒河沙無數世界 如持針鋒 擧
一棗葉而無所嬈 又舍利弗 住不可思議解脫菩薩 能以神通 現作佛
身 或現辟支佛身 或現聲聞身 或現帝釋身 或現梵王身 或現世主

身 或現轉輪聖王身 又十方世界 所有衆聲 上中下音 皆能變之 令
作佛聲 演出無常·苦·空·無我之音 及十方諸佛所說種種之法 皆於
其中 普令得聞 舍利弗 我今略說菩薩 不可思議解脫之力 若廣說
者 窮劫不盡

是時 大迦葉 聞說菩薩不可思議解脫法門 歎未曾有 謂舍利弗
譬如有人 於盲者前 現衆色像 非彼所見닷 一切聲聞 聞是不可思
議解脫法門 不能解了 爲若此也 智者 聞是 其誰不發阿耨多羅三
藐三菩提心 我等 何爲永斷其根 於此大乘 已如敗種 一切聲聞 聞
是不可思議解脫法門 皆應號泣 聲震三千大千世界 一切菩薩 應大
欣慶 頂受此法 若有菩薩 信解不可思議解脫法門者 一切魔衆 無
如之何 大迦葉 說此語時 三萬二千天子 皆發阿耨多羅三藐三菩提
心

爾時 維摩詰 語大迦葉 仁者 十方無量阿僧祇世界中 作魔王者
多是住不可思議解脫菩薩 以方便力故 敎化衆生 現作魔王 又迦葉
十方無量菩薩 或有人 從乞手·足·耳·鼻 頭·目·髓腦 血·肉·皮·骨 聚
落·城邑 妻子·奴婢 象·馬·車·乘 金·銀·瑠璃 硨磲·碼碯·珊瑚·琥珀
眞珠·珂貝 衣服·飮食 如此乞者 多是住不可思議解脫菩薩 以方便
力 而往試之 令其堅固 所以者何 住不可思議解脫菩薩 有威德力
故行逼迫 示諸衆生 如是難事 凡夫 下劣 無有力勢 不能如是逼迫
菩薩 譬如龍象蹴踏 非驢所堪 是名住不可思議解脫菩薩 智慧方便
之門

七. 觀衆生品

爾時 文殊師利 問維摩詰言 菩薩 云何觀於衆生 維摩詰 言 譬如幻師 見所幻人듯 菩薩 觀衆生 爲若此 如智者 見水中月 如鏡中 見其面像 如熱時燄 如呼聲響 如空中雲 如水聚沫 如水上泡 如芭蕉堅 如電久住 如第五大 如第六陰 如第七情 如十三入 如十九界 菩薩 觀衆生 爲若此 如無色界色 如燋穀芽 如須陀洹身見 如阿那含入胎 如阿羅漢三毒 如得忍菩薩貪恚毁禁 如佛煩惱習 如盲者見色如入滅盡定出入息 如空中鳥跡 如石女兒 如化人煩惱 如夢所見已寤 如滅度者受身 如無煙之火 菩薩 觀衆生 爲若此

文殊師利言 若菩薩 作是觀者 云何行慈 維摩詰 言 菩薩 作是觀已코 自念 我當爲衆生 說如斯法 是卽眞實慈也 行寂滅慈 無所生故 行不熱慈 無煩惱故 行等之慈 等三世故 行無諍慈 無所起故 行不二慈 內外不合故 行不壞慈 畢竟盡故 行堅固慈 心無毁故 行淸淨慈 諸法性淨故 行無邊慈 如虛空故 行阿羅漢慈 破結賊故 行菩薩慈 安衆生故 行如來慈 得如相故 行佛之慈 覺衆生故 行自然慈無因得故 行菩提慈 等一味故 行無等慈 斷諸愛故 行大悲慈 導以大乘故 行無厭慈 觀空無我故 行法施慈 無遺惜故 行持戒慈 化毁禁故 行忍辱慈 無彼我故 行精進慈 荷負衆生故 行禪定慈 不受味故 行智慧慈 無不知時故 行方便慈 一切示現故 行無隱慈 直心淸淨故 行深心慈 無雜行故 行無誑慈 不虛假故 行安樂慈 令得佛樂故 菩薩之慈 爲若此也 文殊師利又問 何謂爲悲 答曰菩薩 所作功德 皆與一切衆生共之 何謂爲喜 答曰有所饒益 歡喜無悔 何謂爲捨 答曰所作福祐 無所希望

文殊師利 又問 生死有畏 菩薩 當何所依 維摩詰 言 菩薩 於生死
畏中 當依如來功德之力 文殊師利 又問 菩薩 欲依如來功德之力
當於何住 答曰菩薩 欲依如來功德力者 當住度脫一切衆生 又問欲
度衆生 當何所除 答曰欲度衆生 除其煩惱 又問欲除煩惱 當何所
行 答曰當行正念 又問云何行於正念 答曰當行不生不滅 又問何法
不生 何法 不滅 答曰不善 不生 善法 不滅 又問善不善 孰爲本 答
曰身爲本 又問身 孰爲本 答曰欲貪 爲本 又問欲貪 孰爲本 答曰虛
妄分別 爲本 又問虛妄分別 孰爲本 答曰顚倒想 爲本 又問顚倒想
孰爲本 答曰無住爲本 又問無住 孰爲本 答曰無住則無本 文殊師
利 從無住本 立一切法

時維摩詰室 有一天女 見諸大人 聞所說法 便現其身 卽以天華
散諸菩薩大弟子上 華至諸菩薩 卽皆墮落 至大弟子 便着不墮 一
切弟子 神力去華 不能令去 爾時 天 問舍利弗 何故去華 答曰此華
不如法 是以去之 天 曰勿謂此華 爲不如法 所以者何 是華 無所分
別 仁者 自生分別想耳 若於佛法出家 有所分別 爲不如法 若無所
分別 是則如法 觀諸菩薩 華不着者 已斷一切分別想故 譬如人畏
時 非人 得其便 如是 弟子 畏生死故 色・聲・香・味・觸 得其便也 已
離畏者 一切五欲 無能爲也 結習未盡 華着身耳 結習盡者 華不着
也

舍利弗 言 天止此室 其已久如 答曰我止此室 如耆年解脫 舍利
弗 言止此久耶 天 曰耆年解脫 亦何如久 舍利弗 默然不答 天 曰如
何耆舊 大智而黙 答曰解脫者 無所言說故 吾於是 不知所云 天 曰
言說文字 皆解脫相 所以者何 解脫者 不內不外 不在兩間 文字 亦
不內不外 不在兩間 是故 舍利弗 無離文字 說解脫也 所以者何 一

切諸法 是解脫相 舍利弗 言 不復以離婬怒癡 爲解脫乎 天 曰佛爲
增上慢人 說離婬·怒·癡 爲解脫耳 若無增上慢者 佛說婬·怒·癡性
卽時解脫 舍利弗 言 善哉善哉 天女 汝何所得 以何爲證괜 辯乃如
是 天 曰我 無得無證 故辯如是 所以者何 若有得有證者 則於佛法
爲增上慢 舍利弗 問天 汝於三乘 爲何志求 天 曰以聲聞法 化衆生
故 我爲聲聞 以因緣法 化衆生故 我爲辟支佛 以大悲法 化衆生故
我爲大乘 舍利弗 如人 入瞻蔔林 唯齅瞻蔔 不齅餘香 如是 若入此
室 但聞佛功德之香 不聞聲聞·辟支佛 功德香也 舍利弗 其有釋·梵·
四天王 諸天·龍·鬼神等 入此室者 聞斯上人 講說正法 皆樂佛功德
之香 發心而出 舍利弗 吾止此室 十有二年 初不聞說聲聞·辟支佛
法 但聞菩薩大慈大悲不可思議諸佛之法

舍利弗 此室 常現八未曾有難得之法 何等 爲八 此室 常以金色
光照 晝夜無異 不以日月所照 爲明 是爲一未曾有難得之法 此室
入者 不爲諸垢之所惱也 是爲二未曾有難得之法 此室 常有釋梵四
天王 他方菩薩 來會不絶 是爲三未曾有難得之法 此室 常說六波
羅蜜不退轉法 是爲四未曾有難得之法 此室 常作天人第一之樂 絃
出無量法化之聲 是爲五未曾有難得之法 此室 有四大藏 衆寶積滿
周窮濟乏 求得無盡 是爲六未曾有難得之法 此室 釋迦牟尼佛 阿
彌陀佛 阿閦佛 寶德·寶燄 寶月·寶嚴 難勝·獅子響 一切利成 如是
等十方無量諸佛 是上人念時 卽皆爲來 廣說諸佛秘要法藏 說已還
去 是爲七未曾有難得之法 此室 一切諸天 嚴飾宮殿 諸佛淨土 皆
於中現 是爲八未曾有難得之法 誰有見斯不思議事 而復樂於聲聞
法乎

舍利弗 言 汝何以不轉女身 天 曰我從十二年來 求女人相 了不

可得 當何所轉 譬如幻師 化作幻女 若有人 問何以不轉女身 是人
爲正問不 舍利弗 言不也 幻無定相 當何所轉 天 曰一切諸法 亦復
如是 無有定相 云何乃問不轉女身 卽時 天女 以神通力 變舍利弗
令如天女 天自化身 如舍利弗而問言 何以不轉女身 舍利弗 以天
女像而答言 我今不知何轉而變爲女身 天 曰舍利弗 若能轉此女身
則一切女人 亦當能轉 如舍利弗 非女而現女身㞫 一切女人 亦復
如是 雖現女身 而非女也 是故 佛說一切諸法 非男非女 卽時 天女
還攝神力 舍利弗身 還復如故 天 問舍利弗 女身色相 今何所在 舍
利弗 言 女身色相 無在無不在 天 曰一切諸法 亦復如是 無在無不
在 夫無在無不在者 佛所說也

舍利弗 問天 汝於此沒 當生何所 天 曰佛化所生 吾如彼生 曰
佛化所生 非沒生也 天 曰衆生 猶然 非沒生也 舍利弗 問天 汝久
如 當得阿耨多羅三藐三菩提 天 曰如舍利弗 還爲凡夫 我乃得成
阿耨多羅三藐三菩提 舍利弗 言我作凡夫 無有是處 天 曰我得阿
耨多羅三藐三菩提 亦無是處 所以者何 菩提 無住處 是故 無有
得者 舍利弗 言今諸佛 得阿耨多羅三藐三菩提 已得當得 如恒河
沙 皆謂何乎 天 曰皆以世俗文字數故 說有三世 非謂菩提 有去來
今 天 曰舍利弗 汝得阿羅漢道耶 曰無所得故而得 天 曰諸佛菩薩
亦復如是 無所得故而得 爾時 維摩詰 語舍利弗 是天女 已曾供養
九十二億諸佛 已能遊戲菩薩神通 所願 具足 得無生忍 住不退轉
언 以本願故 隨意能現 敎化衆生

八. 佛道品

爾時 文殊師利 問維摩詰言 菩薩 云何通達佛道 維摩詰 言 若菩薩 行於非道 是爲通達佛道 又問云何菩薩 行於非道 答曰若菩薩 行五無間 而無惱恚 至於地獄 無諸罪垢 至於畜生 無有無明憍慢 等過 至於餓鬼 而其足功德 行色無色界道 不以爲勝 示行貪欲 離 諸染着 示行瞋恚 於諸衆生 無有恚碍 示行愚癡 而以智慧 調伏其 心 示行慳貪 而捨內外所有 不惜身命 示行毁禁 而安住淨戒 乃至 小罪 猶懷大懼 示行瞋恚 而常慈忍 示行懈怠 而勤修功德 示行亂 意 而常念定 示行愚癡 而通達世間出世間慧 示行諂僞 而善方便 隨諸經義 示行憍慢 而於衆生 猶如橋梁 示行諸煩惱 而心常清淨 示入於魔 而順佛智慧 不隨他敎 示入聲聞 而爲衆生 說未聞法 示 入辟支佛 而成就大悲 敎化衆生 示入貧窮 而有寶手 功德 無盡 示 入形殘 而具諸好相 以自莊嚴 示入下賤 而生佛種性中 具諸功德 示入羸劣醜陋 而得那羅延身 一切衆生之所樂見 示入老病 而永斷 病根 超越死畏 示有資生 而恒觀無常 實無所貪 示有妻妾婇女 而 常遠離五欲淤泥 現於訥鈍 而成就辯才 總持無失 示入邪濟 而以 正濟 度諸衆生 現遍入諸道 而斷其因緣 現於涅槃 而不斷生死 文 殊師利 菩薩 能如是行於非道 是爲通達佛道

於是 維摩詰 問文殊師利 何等 爲如來種 文殊師利言 有身爲種 無明有愛爲種 貪恚癡爲種 四顚倒爲種 五蓋爲種 六入 爲種 七識 處爲種 八邪法爲種 九惱處爲種 十不善道爲種 以要言之 六十二 見 及一切煩惱 皆是佛種 曰何謂也 答曰若見無爲 入正位者 不能 復發阿耨多羅三藐三菩提心 譬如高原陸地 不生蓮花 卑濕淤泥 乃 生此華 如是 見無爲法 入正位者 終不復能生於佛法 煩惱泥中 乃

有衆生 起佛法耳 又如植種於空 終不能生 糞壤之地 乃能滋茂 如
是 入無爲正位者 不生佛法 起於我見 如須彌山 猶能發於阿耨多
羅三藐三菩提心 生佛法矣 是故 當知一切煩惱 爲如來種 譬如不
下巨海 不能得無價寶珠矣 如是 不入煩惱大海 則不能得一切智寶

爾時 大迦葉 歎言善哉善哉 文殊師利 快説此語 誠如所言 塵勞
之儔 爲如來種 我等 今者 不復堪任發阿耨多羅三藐三菩提心 乃
至五無間罪 猶能發意 生於佛法 而今我等 永不能發 譬如根敗之
士 其於五欲 不能復利 如是 聲聞 諸結斷者 於佛法中 無有復益 永
不志願 是故 文殊師利 凡夫 於佛法 有反復而聲聞 無也 所以者何
凡夫 聞佛法 能起無上道心 不斷三寶 正使聲聞 終身 聞佛法力無
畏等 永不能發無上道意

爾時會中 有菩薩 名 普現色身 問維摩詰言 居士 父母妻子 親戚
眷屬 吏民知識 悉爲是誰 奴婢僮僕 象馬車乘 皆何所在 於是 維摩
詰 以偈答曰

智度菩薩母　方便以爲父
一切衆導師　無不由是生
法喜以爲妻　慈悲心爲女
善心誠實男　畢竟空寂舍
弟子衆塵勞　隨意之所轉
道品善知識　由是成正覺
諸度法等侶　四攝爲妓女
歌詠誦法言　以此爲音樂
總持之園苑　無漏法林樹

覺意淨妙華　解脱智慧果
八解之浴池　定水湛然滿
布以七淨華　浴此無垢人
象馬五通馳　大乘以爲車
調御以一心　遊於八正路
相具以嚴容　衆好飾其姿
慚愧之上服　深心爲華鬘
富有七財寶　教授以滋息
如所說修行　廻向爲大利
四禪爲牀座　從於淨命生
多聞增智慧　以爲自覺音
甘露法之食　解脱味爲漿
淨心以澡浴　戒品爲塗香
摧滅煩惱賊　勇健無能踰
降伏四種魔　勝旛建道場
雖知無起滅　示彼故有生
悉現諸國土　如日無不見
供養於十方　無量億如來
諸佛及己身　無有分別想
雖知諸佛國　及與衆生空
而常修淨土　教化於群生
諸有衆生類　形聲及威儀
無畏力菩薩　一時能盡現
覺知衆魔事　而示隨其行
以善方便智　隨意皆能現
或示老病死　成就諸群生

了知如幻化　通達無有碍
或現劫盡燒　天地皆洞然
衆人有常想　照令知無常
無數億衆生　俱來請菩薩
一時到其舍　化令向佛道
經書禁呪術　工巧諸技藝
盡現行此事　饒益諸群生
世間衆道法　悉於中出家
因以解人惑　而不墮邪見
或作日月天　梵王世界主
或時作地水　或復作風火
劫中有疾疫　現作諸藥草
若有服之者　除病消衆毒
劫中有饑饉　現身作飮食
先救彼飢渇　却以法語人
劫中有刀兵　爲之起慈悲
化彼諸衆生　令住無諍地
若有大戰陣　立之以等力
菩薩現威勢　降伏使和安
一切國土中　諸有地獄處
輒往到於彼　勉濟其苦惱
一切國土中　畜生相食噉
皆現生於彼　爲之作利益
示受於五欲　示復現行禪
令魔心憒亂　不能得其便
火中生蓮花　是可謂希有

在欲而行禪　希有亦如是
或現作淫女　引諸好色者
先以欲鉤牽　後令入佛智
或爲邑中主　或作商人導
國師及大臣　以祐利衆生
諸有貧窮者　現作無盡藏
因以勸導之　令發菩提心
我心憍慢者　爲現大力士
消伏諸貢高　令住無上道
其有恐懼衆　居前而慰安
先施以無畏　後令發道心
或現離婬欲　爲五通仙人
開導諸群生　令住戒忍慈
見須供事者　現爲作僮僕
旣悅可其意　乃發以道心
隨彼之所須　得入於佛道
以善方便力　皆能給足之
如是道無量　所行無有涯
智慧無邊際　度脫無數衆
假令一切佛　於無數億劫
讚歎其功德　猶尚不能盡
誰聞如是法　不發菩提心
除彼不肖人　癡冥無智者

九. 入不二法門品

爾時維摩詰 謂衆菩薩言 諸仁者 云何菩薩 入不二法門 各隨所
樂說之 會中 有菩薩 名 法自在 說言諸仁者 生滅 爲二 法本不生
今則無滅 得此無生法忍 是爲入不二法門

德守菩薩 曰我 我所爲二 因有我故 便有我所 若無有我 則無我
所 是爲入不二法門

不眴菩薩 曰受 不受爲二 若法不受則不可得 以不可得故 無取
無捨 無作無行 是爲入不二法門

德頂菩薩 曰垢淨 爲二 見垢實性 則無淨相 順於滅相 是爲入不
二法門

善宿菩薩 曰是動是念 爲二 不動則無念 無念 卽無分別 通達此
者 是爲入不二法門

善眼菩薩 曰一相無相 爲二 若知一相 卽是無相 亦不取無相 入
於平等 是爲入不二法門

妙臂菩薩 曰菩薩心 聲聞心 爲二 觀心相空 如幻化者 無菩薩心
無聲聞心 是爲入不二法門

弗沙菩薩 曰善 不善 爲二 若不起善不善 入無相際而通達者 是
爲入不二法門

師子菩薩 曰罪福 爲二 若達罪性 則與福無異 以金剛慧 決了此相 無縛無解者 是爲入不二法門

師子意菩薩 曰有漏無漏 爲二 若得諸法等 則不起漏無漏想 不着於相 亦不住無相 是爲入不二法門

淨解菩薩 曰有爲無爲 爲二 若離一切數 則心如虛空 以淸淨慧無所碍者 是爲入不二法門

那羅延菩薩 曰世間出世間 爲二 世間性空 卽是出世間 於其中不入不出 不溢不散 是爲入不二法門

善意菩薩 曰生死涅槃 爲二 若見生死性 則無生死 無縛無解 不生不滅 如是解者 是爲入不二法門

現見菩薩 曰盡不盡 爲二 法若究竟盡 若不盡 皆是無盡相 無盡相 卽是空 空則無有盡不盡相 如是入者 是爲入不二法門

普守菩薩 曰我無我 爲二 我尙不可得 非我를 何可得 見我實性者 不可起二 是爲入不二法門

電天菩薩 曰明無明 爲二 無明實性 卽是明 明亦不可取 離一切數 於其中 平等無二者 是爲入不二法門

喜見菩薩 曰色 色空 爲二 色卽是空 非色滅空 色性 自空 如是受·想·行·識 識空 爲二 識卽是空 非識滅空 識性 自空 於其中 而通

達者 是爲入不二法門

明相菩薩 曰四種異 空種異 爲二 四種性 卽是空種性 如前際 後
際空故 中際亦空 若能如是知諸種性者 是爲入不二法門

妙意菩薩 曰眼色 爲二 若知眼性 於色 不貪不恚不癡 是名寂滅
如是 耳聲·鼻香·舌味·身觸·意法 爲二 若知意性 於法 不貪不恚不
癡 是名寂滅 安住其中 是爲入不二法門

無盡意菩薩 曰布施 廻向一切智 爲二 布施性 卽是廻向一切智
性 如是 持戒·忍辱·精進·禪定·智慧 廻向一切智 爲二 智慧性 卽是
廻向一切智性 於其中 入一相者 是爲入不二法門

深慧菩薩 曰是空是無相是無作 爲二 空卽無相 無相卽無作 若
空無相無作則無心意識 於一解脫門 卽是三解脫門者 是爲入不二
法門

寂根菩薩 曰佛·法·衆 爲二 佛卽是法 法卽是衆 是三寶皆無爲相
與虛空等 一切法 亦爾 能隨此行者 是爲入不二法門

心無碍菩薩 曰身 身滅 爲二 身 卽是身滅 所以者何 見身實相者
不起見身 及見滅身 身與滅身 無二無分別 其於中 不驚不懼者 是
爲入不二法門

上善菩薩 曰身·口·意業 爲二 是三業 皆無作相 身無作相 卽口無
作相 口無作相 卽意無作相 是三業無作相 卽一切法無作相 能如

是隨無作慧者 是爲入不二法門

福田菩薩 曰福行·罪行·不動行 爲二 三行實性 卽是空 空則無福
行 無罪行 無不動行 於此三行 而不起者 是爲入不法門

華嚴菩薩 曰從我起二 爲二 見我實相者 不起二法 若不住二法
則無有識 無所識者 是爲入不二法門

德藏菩薩 曰有所得相 爲二 若無所得 則無取捨 無取捨者 是爲
入不二法門

月上菩薩 曰暗與明 爲二 無闇無明 則無有二 所以者何 如入滅
受想定 無暗無明 一切法相 亦復如是 於其中 平等入者 是爲入不
二法門

寶印手菩薩 曰樂涅槃 不樂世間 爲二 若不樂涅槃 不厭世間 則
無有二 所以者何 若有縛則有解 若本無縛 其誰求解 無縛無解 則
無樂厭 是爲入不二法門

珠頂王菩薩 曰正道 邪道爲二 住正道者 則不分別是邪是正 離
此二者 是爲入不二法門

樂實菩薩 曰實不實 爲二 實見者 尚不見實 何況非實 所以者何
非肉眼所見 慧眼 乃能見 而此慧眼 無見無不見 是爲入不二法門
如是諸菩薩 各各說已 問文殊師利 何等 是菩薩 入不二法門 文
殊師利言 如我意者 於一切法 無言無說 無示無識 離諸問答 是爲

入不二法門노

於是 文殊師利 問維摩詰 我等 各自說已 仁者 當說何等 是菩薩 入不二法門 時 維摩詰 默然無言 文殊師利 歎曰善哉善哉 乃至無 有文字言語 是眞入不二法門 說是入不二法門品時 於此衆中五千 菩薩 皆入不二法門 得無生法忍

十. 香積佛品

於是 舍利弗 心念 食時欲至 此諸菩薩 當於何食더 時 維摩詰 知 其意而語言 佛說八解脫 仁者 受行 豈雜欲食而聞法乎 若欲食者 且待須臾 當令汝 得未曾有食 時 維摩詰 卽入三昧 以神通力 示諸 大衆 上方界分 過四十二恒河沙佛土 有國 名衆香 佛號 香積 今現 在其國 香氣 比於十方諸佛世界人天之香컨댄 最爲第一 彼土 無 有聲聞·辟支佛名 唯有淸淨大菩薩衆 佛爲說法 其界一切 皆以香 作樓閣 經行香地 苑園皆香 其食香氣 周流十方無量世界 時 彼佛 與諸菩薩 方共坐食 有諸天子 皆號香嚴 悉發阿耨多羅三藐三菩提 供養彼佛 及諸菩薩 此諸大衆 莫不目見 時 維摩詰 問衆菩薩 諸仁 者 誰能致彼佛飯 以文殊師利威神力故 咸皆默然 維摩詰 言 仁 此 大衆 無乃可恥 文殊師利曰如佛所言 勿輕未學

於是 維摩詰 不起於座 居衆會前 化作菩薩 相好光明 威德殊勝 蔽於衆會 而告之曰汝往上方界分 度如四十二恒河沙佛土 有國名 衆香 佛號 香積 與諸菩薩 方共坐食 汝往到彼 如我詞曰維摩詰 稽 首世尊足下 致敬無量 問訊起居 少病少惱 氣力安不 願得世尊所

食之餘 當於娑婆世界 施作佛事 令此樂小法者 得弘大道 亦使如
來 名聲普聞지 時 化菩薩 卽於會前 昇於上方 擧衆 皆見其去 到衆
香界 禮彼佛足 又聞其言 維摩詰 稽首世尊足下 致敬無量 問訊起
居 少病少惱 氣力安不 願得世尊所食之餘 欲於娑婆世界 施作佛
事 使此樂小法者 得弘大道 亦使如來 名聲普聞지더

　彼諸大士 見化菩薩 歎未曾有 今此上人 從何所來 娑婆世界 爲
在何許 云何名爲樂小法者 卽以問佛 告之曰下方 度如四十二
恒河沙佛土 有世界 名 娑婆 佛號 釋迦牟尼 今現在於五濁惡世 爲
樂小法衆生 敷演道敎 彼有菩薩 名 維摩詰 住不可思議解脫 爲諸
菩薩說法 故遣來化 稱揚我名 並讚此土 令彼菩薩 增益功德 彼菩
薩 言 其人 何如 乃作是化 德力無畏 神足 若斯 佛言甚大 一切十
方 皆遣化往 施作佛事 饒益衆生 於是 香積如來 以衆香鉢 盛滿香
飯 與化菩薩

　時 彼九百萬菩薩 俱發聲言 我欲詣娑婆世界 供養釋迦牟尼佛
並欲見維摩詰等諸菩薩衆 佛言可往 攝汝身香 無令彼諸衆生 起惑
着心 又當捨汝本形 勿使彼國 求菩薩者 而自鄙恥 又汝於彼 莫懷
輕賤 而作碍想 所以者何 十方國土 皆如虛空 又諸佛 爲欲化諸樂
小法者 不盡現其淸淨土耳 時 化菩薩 旣受鉢飯 與彼九百萬菩薩
俱할새 承佛威神 及維摩詰力 於彼世界 忽然不現 須臾之間 至維
摩詰舍 時 維摩詰 卽化作九百萬師子之座 嚴好如前 諸菩薩 皆坐
其上 時 化菩薩 以滿鉢香飯 與維摩詰 飯香 普薰毘耶離城 及三千
大千世界 時 毘耶離婆羅門居士等 聞是香氣 身意快然 歎未曾有
於是 長者主月蓋 從八萬四千人 來入維摩詰舍 見其室中 菩薩 甚
多 諸獅子座 高廣嚴好 皆大歡喜 禮衆菩薩 及大弟子 却住一面 諸

地神 虛空神 及欲色界諸天 聞此香氣 亦皆來入維摩詰舍

時 維摩詰 語舍利弗等諸大聲聞 仁者 可食 如來 甘露味飯 大悲所熏 無以限意 食之 使不消也 有異聲聞 念是飯少 而此大衆 人人當食더 化菩薩 曰勿以聲聞小德小智 稱量如來無量福慧 四海有竭 此飯 無盡 使一切人食 搏若須彌 乃至一劫 猶不能盡 所以者何 無盡戒·定·智慧·解脫 解脫知見 功德具足者 所食之餘 終不可盡 於是 鉢飯 悉飽衆會 猶故不盡 其諸菩薩·聲聞·天人 食此飯者 身安快樂 譬如一切樂莊嚴國諸菩薩也 又諸毛孔 皆出妙香 亦如衆香國土諸樹之香

爾時 維摩詰 問衆香菩薩 香積如來 以何說法 彼菩薩 曰我土如來 無文字說 但以衆香 令諸天人 得入律行 菩薩 各各坐香樹下 聞斯妙香 卽獲一切德藏三昧 是得三昧者 菩薩所有功德 皆悉具足 彼諸菩薩 問維摩詰 今世尊釋迦牟尼 以何說法 維摩詰 言 此土衆生 剛强難化故 佛爲說剛强之語 以調伏之 言是地獄 是畜生 是餓鬼 是諸難處 是愚人生處 是身邪行 是身邪行報 是口邪行 是口邪行報 是意邪行 是意邪行報 是殺生 是殺生報 是不與取 是不與取報 是邪婬 是邪婬報 是妄語 是妄語報 是兩舌 是兩舌報 是惡口 是惡口報 是無義語 是無義語報 是貪嫉 是貪嫉報 是瞋惱 是瞋惱報 是邪見 是邪見報 是慳吝 是慳吝報 是毀戒 是毀戒報 是瞋恚 是瞋恚報 是懈怠 是懈怠報 是亂意 是亂意報 是愚癡 是愚癡報 是結戒 是持戒 是犯戒 是應作 是不應作 是障碍 是不障碍 是得罪 是離罪 是淨 是垢 是有漏 是無漏 是邪道 是正道 是有爲 是無爲 是世間 是涅槃 以難化之人 心如猿猴故 以若干種法 制御其心크 乃可調伏 譬如象馬 瀧悷不調 加諸楚毒 乃至徹骨然後 調伏 如是剛强難

化衆生故 以一切苦切之言 乃可入律 彼諸菩薩 聞是說已 皆曰未曾有也 如世尊釋迦牟尼佛 隱其無量自在之力 乃以貪所樂法 度脫衆生 斯諸菩薩 亦能勞謙 以無量大悲 生是佛土

維摩詰 言 此土菩薩 於諸衆生 大悲堅固 誠如所言 然其一世饒益衆生 多於彼國百千劫行 所以者何 此娑婆世界 有十事善法 諸餘淨土之所無有 何等 爲十 以布施 攝貧窮 以淨戒 攝毀禁 以忍辱攝瞋恚 以精進 攝懈怠 以禪定 攝亂意 以智慧 攝愚癡 說除難法 度八難者 以大乘法 度樂小乘者 以諸善根 濟無德者 常以四攝 成就衆生 是爲十

彼菩薩 曰菩薩 成就幾法 於此世界 行無瘡疣 生於淨土 維摩詰言 菩薩 成就八法 於此世界 行無瘡疣 生於淨土 何等 爲八 饒益衆生 而不望報 代一切衆生 受諸苦惱 所作功德 盡以施之 等心衆生 謙下無碍 於諸菩薩 視之如佛 所未聞經 聞之不疑 不與聲聞 而相違背 不嫉彼供 不高己利 而於其中 調伏其心 常省己過 不訟彼短 恒以一心 求諸功德 是爲八法 維摩詰 文殊師利 於大衆中 說是法時 百千天人 皆發阿耨多羅三藐三菩提心 十千菩薩 得無生法忍

十一. 菩薩行品

爾時 佛 說法於菴羅樹園 其地忽然廣博嚴事 一切衆會 皆作金色 阿難 白佛言 世尊 以何因緣 有此瑞應 是處 忽然廣博嚴事 一切衆會 皆作金色 佛告阿難 是維摩詰文殊師利 與諸大衆 恭敬圍繞 發意欲來故 先爲此瑞應 於是 維摩詰 語文殊師利 可共見佛 與諸

菩薩 禮事供養 文殊師利言 善哉 行矣 今正是時 維摩詰 卽以神力
持諸大衆 并師子座 置於右掌 往詣佛所할세 到已着地 稽首佛足
右繞七匝 一心合掌 在一面立 其諸菩薩 卽皆避座 稽首佛足 亦繞
七匝 於一面立 諸大弟子 釋梵四天王等 亦皆避座 稽首佛足 在一
面立 於是世尊 如法慰問諸菩薩已 各令復坐 卽皆受敎 衆坐已定
佛語舍利弗 汝見菩薩大士神力之所爲乎 唯然已見 汝意云何 世尊
我覩其爲不可思議 非意所圖 非度所測

爾時 阿難 白佛言 世尊 今所聞香 自昔未有 是爲何香 佛告阿難
是彼菩薩毛孔之香 於是 舍利弗 語阿難言 我等毛孔 亦出是香 阿
難 言此所從來 曰是長者維摩詰 從衆香國 取佛餘飯 於舍食者 一
切毛孔 皆香若此 阿難 問維摩詰 是香氣 住當久如 維摩詰言 至此
飯消 曰此飯 久如當消 曰此飯勢力 至於七日然後 乃消 又阿難 若
聲聞人 未入正位 食此飯者 得入正位然後 乃消 已入正位 食此飯
者 得心解脫然後 乃消 若未發大乘意 食此飯者 至發意乃消 已發
意 食此飯者 得無生忍然後 乃消 已得無生忍 食此飯者 至一生補
處然後 乃消 譬如有藥 名曰上味 其有服者 身諸毒滅然後 乃消 此
飯 如是 滅除一切諸煩惱毒然後 乃消

阿難 白佛言 未曾有也 世尊 如此香飯 能作佛事 佛言如是如
是 阿難 或有佛土 以佛光明 而作佛事 有以諸菩薩 而作佛事 有以
佛所化人 而作佛事 有以菩提樹 而作佛事 有以佛衣服臥具 而作
佛事 有以飯食 而作佛事 有以園林臺觀 而作佛事 有以三十二相
八十隨形好 而作佛事 有以佛身 而作佛事 有以虛空 而作佛事 衆
生 應以此緣 得入律行 有以夢幻影響鏡中像 水中月熱時燄 如是
等喩 而作佛事 有以音聲·語言文字 而作佛事 或有淸淨佛土 寂寞

無言 無說無示 無識無作無爲 而作佛事 如是 阿難 諸佛 威儀進止
諸所施爲 無非佛事 阿難有此四魔 八萬四千諸煩惱門 而諸衆生
爲之疲勞 諸佛 卽以此法 而作佛事 是名 入一切諸佛法門 菩薩 入
此門者 若見一切淨好佛土 不以爲喜 不貪不高 若見一切不淨佛土
不以爲憂 不碍不沒 但於諸佛 生淸淨心 歡喜恭敬 未曾有也 諸佛
如來 功德 平等언 爲敎化衆生故 而現佛土不同 阿難 汝見諸佛國
土 地有若干 而虛空 無若干也 如是 見諸佛色身 有若干耳 其無碍
慧 無若干也 阿難 諸佛色身 威相種性 戒定智慧解脫 解脫知見 力
無所畏不共之法 大慈大悲 威儀所行 及其壽命 說法敎化 成就衆
生 淨佛國土 具諸佛法 悉皆平等 是故 名爲三藐三佛陀 名爲多陀
阿伽度 名爲佛陀 阿難 若我廣說此三句義 汝以劫壽 不能盡受 正
使三千大千世界滿中衆生 皆如阿難 多聞第一 得念總持 此諸人等
以劫之壽 亦不能受 如是 阿難 諸佛阿耨多羅三藐三菩提 無有限
量 智慧辯才 不可思議

　阿難 白佛言 我 從今已往 不敢自謂以爲多聞 佛告阿難 勿起退
意 所以者何 我說汝於聲聞中 爲最多聞 非謂菩薩 且止 阿難 其有
智者 不應限量諸菩薩也 一切海淵 尙可測量 菩薩 禪定智慧 總持
辨才 一切功德 不可量也 阿難 汝等 捨置菩薩所行 是維摩詰 一時
所現神通之力 一切聲聞辟支佛 於百千劫 盡力變化 所不能作

　爾時 衆香世界菩薩來者 合掌白佛言 世尊 我等 初見此土 生下
劣想 今自悔責 捨離是心 所以者何 諸佛方便 不可思議언 爲度衆
生故 隨其所應 現佛國異 唯然世尊 願賜小法 還於彼土 當念如來

　佛告諸菩薩 有盡無盡解脫法門 汝等 當學 何謂爲盡 謂有爲法

何謂無盡 謂無爲法 如菩薩者 不盡有爲 不住無爲 何謂不盡有爲
謂不離大慈 不捨大悲 深發一切智心 而不忽忘 敎化衆生 終不疲
厭 於四攝法 常念順行 護持正法 不惜身命 種諸善根 無有疲厭 志
常安住方便回向 求法不懈 說法無悋 勤供諸佛故 入生死而無所畏
於諸榮辱 心無憂喜 不輕未學 敬學如佛 墮煩惱者 令發正念 於遠
離樂 不以爲貴 不着己樂 慶於彼樂 在諸禪定 如地獄想 於生死中
如園觀想 見來求者 爲善師想 捨諸所有 具一切智想 見毀戒者 起
救護想 諸波羅蜜 爲父母想 道品之法 爲眷屬想 發行善根 無有齊
限 以諸淨國嚴飾之事 成己佛土 行無限施 具足相好 除一切惡 淨
身口意 故?? 生死無數劫 意而有勇 聞佛無量德 志而不倦 以智慧
劍 破煩惱賊 出陰界入 荷負衆生 永使解脫 以大精進 摧伏魔軍 常
求無念實相智慧行 少欲知足而不捨世法 不壞威儀 而能隨俗 起神
通慧 引導衆生 得念總持 所聞不忘 善別諸根 斷衆生疑 以樂說辯
演法無礙 淨十善道 受人天福 修四無量 開梵天道 勸請說法 隨喜
讚善 得佛音聲 身口意善 得佛威儀 深修善法 所行轉勝 以大乘敎
成菩薩僧 心無放逸 不失衆善 行如此法 是名菩薩 不盡有爲

　何謂菩薩 不住無爲 謂修學空 不以空 爲證 修學無相無作 不以
無相無作 爲證 修學無起 不以無起 爲證 觀於無常 而不厭善本 觀
世間苦 而不惡生死 觀於無我 而誨人不倦 觀於寂滅 而不永寂滅
觀於遠離 而身心修善 觀無所歸 而歸趣善法 觀於無生 而以生法
荷負一切 觀於無漏 而不斷諸漏 觀無所行 而以行法 敎化衆生 觀
於空無 而不捨大悲 觀正法位 而不隨小乘 觀諸法虛妄 無牢無人
無主無相 本願未滿 而不虛福德禪定智慧 修如此法 是名菩薩 不
住無爲

又具福德故 不住無爲 具智慧故 不盡有爲 大慈悲故 不住無爲 滿本願故 不盡有爲 集法藥故 不住無爲 隨授藥故 不盡有爲 知衆生病故 不住無爲 滅衆生病故 不盡有爲 諸正士 菩薩 已修此法不盡有爲 不住無爲 是名盡無盡解脫法門 汝等 當學

爾時 彼諸菩薩 聞說是法 皆大歡喜 以衆妙華若干種色 若干種香 遍散三千大千世界 供養於佛 及此經法 幷諸菩薩已 稽首佛足 歎未曾有 言釋迦牟尼佛 乃能於此 善行方便소 言已 忽然不現 還到本國

十二. 見阿閦佛品

爾時 世尊 問維摩詰 汝欲見如來 爲以何等 觀如來乎 維摩詰 言如自觀身實相 觀佛亦然 我觀如來 前際不來 後際不去 今則不住 不觀色 不觀色如 不觀色性 不觀受想行識 不觀識如 不觀識性 非四大起 同於虛空 六入 無積 眼耳鼻舌身心 已過 不在三界 三垢已離 順三脫門 具足三明 與無明等 不一相不異相 不自相不他相 非無相非取相 不此岸不彼岸 不中流 而化衆生 觀於寂滅 亦不永滅 不此不彼 不以此不以彼 不可以智 知 不可以識 識 無晦無明 無名無相 無强無弱 非淨非穢 不在方不離方 非有爲非無爲 無示無說 不施不慳 不戒不犯 不忍不恚 不進不怠 不定不亂 不智不愚 不誠不欺 不來不去 不出不入 一切言語道斷 非福田 非不福田 非應供養 非不應供養 非取非捨 非有相非無相 同眞際等 法界 不可稱不可量 過諸稱量 非大非小 非見非聞 非覺非知 離衆詰縛 等諸智 同衆生 於諸法 無分別 一切無得無失 無濁無惱 無作無起 無生無滅

無畏無憂 無喜無厭 無已有 無當有無今有 不可以一切言說 分別
顯示 世尊 如來身 爲若此 作如是觀 以斯觀者 名爲正觀 若他觀者
名爲邪觀

爾時 舍利弗 問維摩詰 汝於何沒 而來生此 維摩詰 言 汝所得法
有沒生乎 舍利弗 言 無沒生也 維摩詰 言 若諸法 無沒生相 云何問
言汝於何沒 而來生此 於意云何 譬如幻師 幻作男女 寧沒生耶 舍
利弗 言 無沒生也 汝豈不聞佛說諸法 如幻相乎 答曰如是 若一切
法 如幻相者 云何問言汝於何沒 而來生此 舍利弗 沒者 爲虛誑法
壞敗之相 生者 爲虛誑法 相續之相 菩薩 雖沒 不盡善本 雖生 不長
諸惡

是時 佛告舍利弗 有國 名妙喜 佛號 無動 是維摩詰 於彼國 沒
而來生此 舍利弗 言 未曾有也 世尊 是人 乃捨清淨土 而來樂此多
怒害處 維摩詰 語舍利弗 於意云何 日光出時 與冥合乎 答曰不也
日光出時 則無衆冥 維摩詰 言 夫日 何故 行閻浮提 答曰欲以明照
爲之除冥 維摩詰 言 菩薩 如是 雖生不淨佛土 爲化衆生 不與愚暗
而共合也 但滅衆生煩惱暗耳

是時 大衆 渴仰欲見妙喜世界 無動如來 及其菩薩聲聞之衆 佛
知一切衆會 所念 告維摩詰言 善男子 爲此衆會 現妙喜國無動如
來 及諸菩薩聲聞之衆 衆皆欲見 於是 維摩詰 心念 吾當不起於座
接妙喜國 鐵圍山川 溪谷江河 大海泉源 須彌諸山 及日月星宿 天
龍鬼神 梵天等宮 並諸菩薩聲聞之衆 城邑聚落 男女大小 乃至無
動如來 及菩提樹 諸妙蓮華 能與十方作佛事者 三道寶階 從閻浮
提 至忉利天 以此寶階 諸天 來下 悉爲禮敬無動如來 聽受經法 閻

浮提人 亦登其階 上昇忉利 見彼諸天 妙喜世界 成就如是無量功
德 上至阿迦尼吒天 下至水際히 以右手斷取 如陶家輪 入此世界
猶持華鬘 示一切衆 作是念已 入於三昧 現神通力 以其右手 斷取
妙喜世界 置於此土할새 彼得神通菩薩及聲聞衆 並餘天人 俱發聲
言 唯然世尊 誰取我去 願見救護 無動佛 言 非我所爲 是維摩詰 神
力所作 其餘未得神通者 不覺不知己之所往 妙喜世界 雖入此土
而不增減 於是世界 亦不迫隘 如本無異 爾時 釋迦牟尼佛 告諸大
衆 汝等 且觀妙喜世界 無動如來 其國嚴飾 菩薩行淨 弟子淸白 皆
曰唯然已見 佛言 若菩薩 欲得如是淸淨佛土 當學無動如來所行之
道 現此妙喜國時 娑婆世界十四那由他人 發阿耨多羅三藐三菩提
心 皆願生於妙喜佛土 釋迦牟尼佛 卽記之曰當生彼國 時妙喜世界
於此國土 所應饒益 其事訖已 還復本處를 擧衆 皆見

　佛告舍利弗 汝見此妙喜世界 及無動佛不 唯然已見 世尊 願使
一切衆生 得淸淨土 如無動佛 獲神通力 如維摩詰지 世尊 我等 快
得善利 得見是人 親近供養 其諸衆生 若今現在 若佛滅後 聞此經
者 亦得善利 況復聞已코 信解受持 讀誦解說 如法修行 若有手得
是經典者 便爲已得法寶之藏 若有讀誦 解釋其義 如說修行 則爲
諸佛之所護念 其有供養如是人者 當知則爲供養於佛 其有書持此
卷經者 當知其室 卽有如來 若聞是經 能隨喜者 斯人 則爲趣一切
智 若能信解此經 乃至一四句偈 爲他說者 當知此人 卽是受阿耨
多羅三藐三菩提記

十三. 法供養品

爾時 釋提桓因 於大衆中 白佛言 世尊 我雖從佛及文殊師利 聞
百千經 未曾聞此不可思議自在神通신 決定實相經典 如我解佛所
說義趣컨댄 若有衆生 聞此經法 信解受持讀誦之者 必得是法不疑
何況如說修行 斯人 則爲閉衆惡趣 開諸善門 常爲諸佛之所護念
降伏外學 摧滅魔怨 修治菩提 安處道場 履踐如來所行之跡 世尊
若有受持讀誦 如說修行者 我當與諸眷屬 供養給事 所在聚落城邑
山林曠野 有是經處 我亦與諸眷屬 聽受法故 同到其所 其未信者
當令生信 其已信者 當爲作護 佛言善哉善哉 天帝 如汝所說 我助
汝喜노 此經 廣說過去未來現在諸佛 不可思議阿耨多羅三藐三菩
提 是故 天帝 若善男子善女人 受持讀誦 供養是經者 則爲供養去
來今佛 天帝 正使三千大千世界 如來滿中 譬如甘蔗竹葦 稻麻叢
林 若有善男子善女人 或以一劫 或減一劫 恭敬尊重 讚歎供養 奉
諸所安 至諸佛滅後 以一一全身舍利 起七寶塔 縱廣 一四天下 高
至梵天 表刹莊嚴 以一切華香瓔珞 幢幡伎樂 微妙第一 若一劫 若
減一劫而供養之 天帝 於意云何 其人植福 寧爲多不 釋提桓因 言
甚多 世尊 彼之福德 若以百千億劫 說不能盡 佛告天帝 當知 是善
男子善女人 聞是不可思議解脫經典 信解受持 讀誦修行 福多於彼
所以者何 諸佛菩提 皆從此生 菩提之相 不可限量 以是因緣 福不
可量

佛告天帝 過去無量阿僧祇劫 時世有佛 號曰藥王如來·應供·正
遍知·明行足·善逝·世間解·無上士·調御丈夫·天人師·佛·世尊 世界
名 大莊嚴 劫名 莊嚴 佛壽 二十小劫 其聲聞僧 三十六億那由他 菩
薩僧 有十二億 天帝 是時 有轉輪聖王 名曰寶蓋 七寶具足 主四天

下 干有千子 端正勇健 能伏怨敵 爾時 寶蓋 與其眷屬 供養藥工如
來 施諸所安 至滿五劫 過五劫已 告其千子 汝等 亦當如我 以深心
供養於佛 於是 千子 受父王命 供養藥王如來 復滿五劫 一切施安
其王一子 名曰月蓋 獨坐思惟 寧有供養 殊過此者 以佛神力 空中
有天曰善男子 法之供養 勝諸供養 卽問何謂法之供養 天 曰汝可
往問藥王如來 當廣爲汝 說法之供養 卽時月蓋王子 行詣藥王如來
稽首佛足 却住一面 白佛言 世尊 諸供養中 法供養 勝 云何名爲法
之供養 佛言善男子 法供養者 諸佛所說深經 一切世間 難信難受
微妙難見 淸淨無染 非但分別思惟之所能得 菩薩法藏所攝 陀羅尼
印 印之 至不退轉 成就六度 善分別義 順菩提法 衆經之上 入大慈
悲 離衆魔事 及諸邪見 順因緣法 無我無人 無衆生無壽命 空無相
無作無起 能令衆生 坐於道場 而轉法輪 諸天龍神 乾闥婆等 所共
歎譽 能令衆生 入佛法藏 攝諸賢聖 一切智慧 說諸菩薩 所行之道
依於諸法實相之義 宣明無常苦空無我寂滅之法 能救一切毁禁衆
生 諸魔外道 及貪着者 能使怖畏 諸佛賢聖 所共稱歎 背生死苦 示
涅槃樂 十方三世諸佛 所說 若聞如是等經 信解受持讀誦 以方便
力 爲諸衆生 分別解說 顯示分明守護法故 是名法之供養

又於諸法 如說修行 隨順十二因緣 離諸邪見 得無生忍 決定無
我 無有衆生 而於因緣果報 無違無諍 離諸我所 依於義 不依語 依
於智不依識 依了義經 不依不了義經 依於法不依人 隨順法相 無
所入無所歸 無明 畢竟滅故 諸行 畢竟滅 乃至生畢竟滅故 老死亦
畢竟滅 作如是觀 十二因緣 無有盡相 不復起見 是名最上法之供
養

佛告天帝 王子月蓋 從藥王佛 聞如是法 得柔順忍 卽解寶衣嚴

身之具 以供養佛 白佛言 世尊 如來滅後 我當行法供養 守護正法
願以威信 加哀建立 令我得降伏魔怨 修菩薩行 佛 知其深心所念
而記之曰汝於末後 守護法城 天帝 時 王子月蓋 見法淸淨 聞佛授
記 以信出家 修習善法 精進不久 得五神通 具菩薩道 得陀羅尼 無
斷辯才 於佛滅後 以其所得神通總持辯才之力 滿十小劫 藥王如來
所轉法輪 隨順分布 月蓋比丘 以守護法 勤行精進 卽於此身 化百
萬億人 於阿耨多羅三藐三菩提 立不退轉 十四那由他人 深發聲
聞·辟支佛心 無量衆生 得生天上 天帝 時王寶蓋 豈異人乎 今現得
佛 號寶熖如來 其王千子 卽賢劫中千佛 是也 從 迦羅鳩孫馱 爲始
得佛 最後如來 號曰樓至 月蓋比丘 則我身 是 如是 天帝 當知此要
以法供養 於諸供養 爲上爲最 第一無比 是故 天帝 當以法之供養
供養於佛

十四. 囑累品

於是 佛告彌勒菩薩言 彌勒 我今 以是無量億阿僧祇劫 所集阿
耨多羅三藐三菩提法 付囑於汝ㄴ 如是輩經 於佛滅後末世之中 汝
等 當以神力 廣宣流布 於閻浮提 無令斷絶 所以者何 未來世中 若
有善男子善女人 及天龍鬼神 乾闥婆羅刹等 發阿耨多羅三藐三菩
提心 樂於大法 若使不聞如是等經 則失善利 如此輩人 聞是等經
必多信樂 發希有心 當以頂受 隨諸衆生 所應得利 而爲廣說 彌勒
當知 菩薩 有二相 何謂爲二 一者 好於雜句文飾之事 二者 不畏深
義 如實能入 若好雜句文飾事者 當知是爲新學菩薩 若於如是無染
無着 甚深經典 無有怖畏 能入其中 聞已心淨 受持讀誦 如說修行
當知是爲久修道行 彌勒 復有二法 名新學者 不能決定於甚深法

何等 爲二 一者 所未聞深經 聞之驚怖生疑 不能隨順 毁謗不信 而
作是言 我初不聞 從何所來 二者 若有護持解說如是深經者 不肯
親近供養恭敬 或時於中 說其過惡 有此二法 當知是新學菩薩 爲
自傷毁 不能於深法中 調伏其心 彌勒 復有二法 菩薩 雖信解深法
猶自毁傷 而不能得無生法忍 何等 爲二 一者 輕學菩薩 而不敎誨
二者 雖信解深法 而取相分別 是爲二法

彌勒菩薩 聞說是已 白佛言 世尊 未曾有也 如佛所說 我當遠離
如斯之惡 奉持如來 無數阿僧祇劫 所集阿耨多羅三藐三菩提法 若
未來世善男子善女人 求大乘者 當令手得如是等經 與其念力 使受
持讀誦 爲他廣說 世尊 若後末世 有能受持讀誦 爲他說者 當知是
彌勒神力之所建立 佛言善哉善哉 彌勒 如汝所說 佛助爾喜

於是 一切菩薩 合掌白佛 我等 亦於如來滅後十方國土 廣宣流
布阿耨多羅三藐三菩提法 復當開導諸說法者 令得是經 爾時 四天
王 白佛言 世尊 在在處處城邑聚落 山林曠野 有是經卷 讀誦解說
者 我當率諸官屬 爲聽法故 往詣其所 擁護其人 面百由旬 令無自
求得其便者

是時 佛告阿難 受持是經 廣宣流布 阿難 言唯我 已受持要者 世
尊 當何名斯經 佛言阿難 是經 名爲維摩詰所說 亦名不可思議解
脫法門 如是受持 佛說是經已 長者維摩詰 文殊師利 舍利弗 阿難
等 及諸天人阿修羅 一切大衆 聞佛所說 皆大歡喜 信受奉行